기획 | 유수현
1974년 아름다운 항구 도시 부산에서 태어났습니다. 오랫동안 출판사에서 어린이책을 기획하고
만들고 있습니다. 〈책이 된 어느 날〉로 제5회 웅진주니어문학상 단편부문 우수상을 수상했고,
지금까지 쓴 책으로 ≪내 이름은 모험을 끝내는 법≫(공저), ≪탈것박물관≫, ≪구름 유치원의 보물을 찾아라≫
등이 있으며, ≪위험이 보인다, 부릅뜨고 안전≫을 기획했습니다.

글 | 이미현
대학에서 간호학을 공부했고, 글쓰기를 아주 좋아해서 작가가 되었습니다.
2009년 푸른문학상과 2012년 MBC창작동화대상을 수상했으며, 쓴 책으로는
≪날 좀 내버려 둬≫(공저), ≪현우는 바바, 바바는 현우≫(공저), ≪나는 임금님이야≫,
≪위험이 보인다, 부릅뜨고 안전≫ 등이 있답니다.

그림 | 이효실
중앙대학교에서 한국화를 전공하고, 영국 킹스턴대학교에서 일러스트레이션을 공부했습니다.
지금은 일러스트레이터로 활동하며 다양한 그림을 그리고 있습니다. 아이들의 순수한 마음이
고스란히 묻어나는 그림을 그리고 싶어 합니다. 그린 책으로는 ≪쉿! 갯벌의 비밀을 들려줄게≫,
≪1학년 전래동화≫, ≪난 꿈이 없는걸≫, ≪위험이 보인다, 부릅뜨고 안전≫ 등이 있습니다.

그림 | 이민선
대학에서 시각디자인을 전공하고 CI디자이너로 활동하다가 그림책의 따뜻하고 창의적인 감성에 반해
그림책 작가가 되었습니다. 두 아이의 엄마로서 시연이와 여준이와 함께 보고 행복할 그림책을 만들고자
노력하고 있습니다. 그린 책으로는 ≪헨젤과 그레텔≫, ≪괴물아 저리 가≫, ≪관심 레이저≫,
≪위험이 보인다, 부릅뜨고 안전≫ 등이 있습니다.

위험이 나타났다! **부릅뜨고 안전**

초판 1쇄 발행 | 2015년 1월 20일
초판 3쇄 발행 | 2023년 7월 10일

기획 | 유수현
글쓴이 | 이미현
그린이 | 이효실, 이민선

펴낸이 | 김길현
진행 | 최병석, 조경미
공급관리 | 오민석, 정복순, 김봉식
웹 매니지먼트 | 안재명, 김경희
오프 마케팅 | 우병춘, 이대권
회계관리 | 김경아

펴낸곳 | 주니어골든벨
등록 | 제3-132호(87.12.11)
주소 | 서울시 용산구 원효로 245(원효로 1가 53-1)
전화 | 02-713-4135 **팩스** | 02-718-5510
홈페이지 | www.gbbook.co.kr

ⓒ 유수현, 이미현

ISBN 979-11-85343-87-7 04370

＊ **주니어골든벨**은 (주)골든벨의 어린이 도서 브랜드입니다.

위험이 나타났다!
부릅뜨고 꼼꼼 안전

기획 | 유수현   글 | 이미현   그림 | 이효실 · 이민선

주니어골든벨

들어가는 말

우리가 안심하고 다니는 집, 학교, 놀이터 등 어느 곳에서도 어린이 안전사고는 갑작스럽게 일어날 수 있어요.

여러분들도 텔레비전을 통해서 안타까운 안전사고 소식을 많이 접했을 거예요. 그만큼 요즘은 안전사고가 큰 사회 문제로 떠오르고 있지요.

안전은 왜 중요할까요?

만약 우리 몸이 여러 개라면 하나쯤 다치거나 사라져도 상관없겠지만, 우리 몸과 생명은 하나밖에 없어요. 그러니 늘 스스로를 잘 지키고 보호하면서 살아야 하지요.

안전이란 위험이나 사고가 날 염려 없이, 편안하고 온전한 상태를 말해요. 안전할 때만이 우리는 안심하고 살아갈 수 있지요.

한순간의 실수나 부주의도 생명을 위험에 빠트릴 수 있기 때문에, 안전 의식과 안전에 대한 교육은 아무리 강조해도 지나치지 않답니다.

그렇다면 우리 주변의 크고 작은 위험으로부터 어떻게 자신을 잘 지킬 수 있는지 알아볼까요? 여기 여러분들을 대신해서

안전사고를 경험한 동화 속 친구들이 있어요. 그 친구들의 이야기를 따라가다 보면 안전에 대한 기본 규칙들을 배우고 익힐 수 있을 거예요. 평소에 안전 습관을 잘 길러 놓으면 주변의 크고 작은 위험이 발생했을 때 잘 대처할 수 있답니다.

이 책에는 어린이들의 안전 의식을 높여 주고, 안전 습관을 길러 주는 25편의 동화가 실려 있어요. 생활 안전, 교통 안전, 실종 및 유괴 예방 안전, 성폭력 및 아동학대 예방 안전, 약물 및 식품 안전, 재난 안전까지 6가지 영역별로 어린이들 주변에서 일어날 수 있는 안전사고의 예방법과 대처 방법을 꼼꼼히 담아냈답니다.

동화를 읽으면서 자기 경험과 비교해 보고, 내가 이런 상황이라면 어떻게 할까를 생각하면서 읽어 보세요. 그리고 그림과 함께 한눈에 알기 쉽게 정리된 '안전 규칙'을 잘 기억해 두세요. 신 나게 '안전퀴즈'를 풀면서 한 번 더 확인하면 여러분은 어느새 '안전박사'가 되어 있을지도 몰라요.

글쓴이 이미현

차례

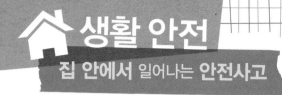
꼬마 마녀의 생일 파티

오늘은 꼬마 마녀가 손꼽아 기다리던 생일이에요.

꼬마 마녀는 친구들에게 생일 초대장을 보냈답니다.

드디어 꼬마 마녀의 친구들이 하나둘 집에 도착했어요. 보글 마녀, 뽀족 마녀, 붕붕 마녀, 콩콩 마녀, 깜짝 마녀 모두 빠짐없이

꼬마 마녀의 집에 놀러 왔지요.

"얘들아, 어서 와!"

꼬마 마녀는 반갑게 친구들을 맞이했어요.

"꼬마 마녀야, 내가 멋진 선물을 만들어 줄게!"

보글 마녀는 가스레인지에 불을 켜고,
보글보글 물을 끓였어요. 그 속에 개구리
뒷다리와 바퀴벌레의 똥을 넣어 마법 약을
만들 생각이었지요.

"앗, 조심해!"

하지만 보글 마녀는 뜨거운 냄비를 집다가
손을 데이고 말았어요. 보글 마녀는 손에
붕대를 친친 감았답니다.

그 모습을 본 뽀족 마녀가 말했어요.

앗, 뜨거워!

파지지직

"보글 마녀야, 내가 손을 낫게 해 줄게!"

뽀족 마녀는 젓가락을 가지고
주문을 외우면서 빙그그르
돌다가 실수로 그만 콘센트를
찔렀지요.

"앗! 뽀족 마녀야, 안 돼!"

파지지직! 뽀족 마녀가

전기에 감전되었어요.

뾰족 마녀의 머리는 파뿌리가 되었답니다.

"마법 책에서 모든 걸 제대로

되돌려 줄 주문을 찾아야겠어!"

붕붕 마녀는 책장 맨 위에 꽂힌

마법 책을 꺼내려고 책장 위를

붕붕 올라갔어요.

"붕붕 마녀야, 위험해!"

콩콩

책장이 **와르르 무너지는** 바람에

붕붕 마녀는 상처투성이가 되었지요.

"마법은 이제 잊고, 다 같이 높이

뛰기 시합하자!"

콩콩 마녀가 침대에서

콩콩콩콩 뛰기 시작했어요.

"안 돼. 침대에서 뛰면

다칠 수도 있어!"

꼬마 마녀가 말리기도 전에

콩콩 마녀는 침대에서 떨어져 **머리에 혹이**

났어요.

　그때 깜짝 마녀가 전자레인지에 쇠붙이를 넣고 돌리는

바람에 **가스레인지가 '펑!'** 하고 터져 버렸어요.

　꼬마 마녀의 집은 그야말로 엉망진창이 되었지요. 친구들의

모습도 모두 엉망이었어요.

　"흑흑. 친구들도 다치고 내 생일도 완전 망쳐 버렸어!"

　꼬마 마녀는 울상이 되었어요. 하지만 친구들은 힘을 모아

마법의 주문을 외워서 멋진 생일 케이크를 만들었어요.

　"꼬마 마녀야, 미안해.

그리고 **생일 축하해!**"

펑!

1 감전 사고 주의하기

찌직

콘센트에 젓가락을 집어넣으면 감전
될 수도 있어요.

2 베란다 추락 사고 주의하기

베란다 창틀에 올라가거나 방충망을
열고 밖을 내다보지 않아요.

3 손가락 끼임 사고 주의하기

윽! 내 손가락

문틈 사이에 손이 끼지 않도록 문을
열고 닫을 때 조심해요.

4 가구에 매달리지 않기

휘청!

큰 가구에 매달리거나 책장에 올라가
지 않아요. 무너질 수 있어요.

5 주방 도구 만지지 않기

어떡해, 피 났어!

> 칼, 가위, 가스레인지 등 위험한 주방 도구를 어른의 허락 없이 함부로 만지지 않아요.

6 욕실 미끄럼 사고 주의하기

미끄덩

> 물기가 있는 욕실은 바닥이 미끄러우니 주의하고, 샤워기에서 나오는 뜨거운 물에 데이지 않도록 조심해요.

7 전자레인지 폭발 주의하기

밤

은행

은박지

펑

> 전자레인지에는 사기그릇이나 전자레인지 전용 그릇만 넣어요. 플라스틱, 은박지, 비닐, 쇠붙이, 딱딱한 껍데기(은행, 밤, 땅콩 등)를 넣으면 폭발할 수 있으므로 위험해요.

8 콘센트 화재 사고 주의하기

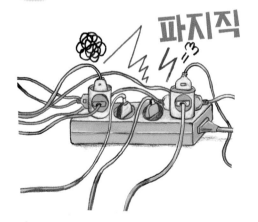

파지직

> 한 콘센트에 여러 개의 전기 코드를 꽂아 두지 않아요. 자칫 불이 날 수도 있답니다.

11

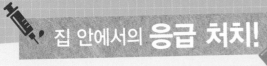

집 안에서의 응급 처치!

1 뜨거운 물이나 불에 데었어요

데인 부위를 찬물에 담가요. 바셀린 크림을 바르고, 상처가 심하면 병원에 가요.

2 칼이나 가위에 다쳐 피가 나요

소독약으로 상처를 소독하고, 상처 치료 연고를 바른 다음에 밴드나 반창고를 붙여요.

3 위험한 물질이나 약을 먹었어요

손가락을 입안 깊숙이 넣어 토해 낸 뒤 병원에 가요.

우엑

4 뼈가 부러졌어요

나무나 부목을 대어 부러진 부위를 고정한 뒤 병원에 가요.

5 귀에 벌레가 들어갔어요

귀를 아래쪽으로 향하게 하고 손전등을
비추어 벌레가 빠져나오게 해요.
면봉에 끈적끈적한 것을
묻혀서 꺼내도 돼요.

위잉

6 눈에 이물질이 들어갔어요

눈물을 흘려 보거나
흐르는 물에 눈을 씻어 보아요.
그래도 잘 나오지 않으면
안과에 가서 빼내요.

어린이 안전퀴즈!

❶ 다음 중 전자레인지에 넣어도 되는 것은 무엇일까요?

① 밤 껍데기   ② 은행 껍데기   ③ 사기그릇   ④ 은박지

❷ 막대 꼬치는 어떻게 먹어야 안전할까요?

꼬치를 세로로 세워서 먹어요.

꼬치를 가로로 눕혀서 먹어요.

정답 ❶ ③ ❷ 꼬치를 가로로 눕혀서 먹어요.

13

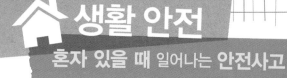
도둑 펭귄을 물리치는 법

> 혼자 집에 가는
> 애를 따라가자!

쌍둥이 도둑 펭귄, 펭이와 귄이는 오늘도 두목에게
혼이 났어. 도둑이 된 뒤로 한 번도 도둑질에
성공한 적이 없었거든.
"에잇, 이 바보들! 오늘도 성공하지
못하면 돌아올 생각 하지도 마!"
펭이와 귄이는 학교 앞에
나가 아이들을 관찰했어.

> 잘 가

> 내일 보자!

목에 열쇠를 건 아이를 찾으려고
말이야. 그건 아이의 집에
아무도 없다는 표시거든.
그 아이를 따라가면
도둑질을 하기에 딱 좋지!

띠링, 띠링. 그때 두목에게서 전화가 왔어. 펭이와 귄이는 정신이
번쩍 들었지.

"두목님, 목에 열쇠를 건 아이는 아무도 없는데요."

"그럼 혼자 집에 가는 아이를 따라가 봐!"

펭이와 귄이는 **혼자 집에 가는 아이**를 졸졸 따라갔어.

그런데 엘리베이터를 타려고 하자, 아이는 다음에 올라가겠다며
펭이와 귄이를 먼저 올려 보내는 거야.

펭이와 귄이는 두목에게 전화를 했지.

"흠, 낯선 사람과 엘리베이터를 함께 타지 않다니.
영리한 꼬마야."

두목은 적당한 곳에 내려서 아이가 몇 층으로 가는지 살펴보라고
했어. 아이는 12층에서 내렸고, 마침 가까운 곳에 있던 펭이가 얼른
뛰어 올라갔지.

그런데 **현관문 비밀번호**를 누르던 아이가 펭이를 보자마자

비밀번호를
안 누르다니!

멈추는 거야. 그러고는 펭이가 완전히 지나갈 때까지 기다리지 뭐야.

"흠, 역시 호락호락한 꼬마가 아니야. 비밀번호를 훔쳐보거나, 소리의 높이로 비밀번호를 짐작할까 봐 비밀번호를 누르지 않다니!"

두목은 펭이와 귄이에게 직접 초인종을 누르고 안으로 들어가라고 지시했어.

딩동!

"누구세요?"

"택배 왔습니다."

"경비실에 두고 가세요."

딩동!

"가스 검침 나왔습니다."

"다음에 오세요."

펭이와 귄이는 계속해서 초인종을 눌렀지만 번번이 실패하고 말았지. 심지어 나중에는 초인종을 눌러도 대답조차 안 하지 뭐야.

"저, 두목님! 배가 고픈데요. 그만하면 안 될까요?"

"뭐라고? 밥값도 못하는 바보 같으니라고!"

두목은 화를 내더니, 혼자 있는 아이들에게 전화를 걸어서 개인 정보라도 알아내라고 시켰어. **몰래 빼낸 정보**를 나쁜 일에 이용하려고 말이지.

펭이와 귄이는 두목이 알려 준 대로 전화를 걸었어.

"여기는 보험 회사예요. **부모님 이름과 주민번호**는 어떻게 되죠?"

"우체국인데 부모님 통장으로 돈을 보내야 하는데, 통장 번호와 비밀번호 좀 알려 줄래요?"

"경찰서인데, 부모님 휴대 전화 번호 좀 알려 줄래요?"

하지만 전화를 받은 아이들은 모두 그냥 전화를 툭 끊거나, 모른다며 딱 잘라 말했어.

"두목님이 오늘도 성공하지 못하면 돌아오지 말라고 했는데 어쩌지?"

결국 한 건도 성공하지 못한 펭이와 귄이는 하루 종일 굶어서 꼬르륵 소리 나는 배를 움켜잡고 바다로 떠났대.

이번에는 해적이 되어 보물섬을 찾는다나? 펭이와 귄이는 과연 해적 펭귄이 되었을까?

1 엘리베이터를 타기 전

혼자 있을 때에는 낯선 사람과 엘리베이터를 같이 타지 않아요. 먼저 올려 보내고 다음 것을 타세요.

2 현관 비밀번호를 누르기 전

비밀번호를 누르기 전에 주위를 살펴요. 다른 사람이 있을 때에는 비밀번호를 누르지 않아요.

3 내 정보를 물을 때

낯선 사람이 상냥하게 물어도 이름, 학교, 주소, 연락처 등의 정보는 절대 알려 주지 않아요.

4 집에 들어갈 때

아무도 없는 집에 들어갈 때도 집에 누가 있는 것처럼 "다녀왔습니다." 하고 말하면서 들어가요.

5 집에 혼자 있을 때

⚠️ 집에 아무도 없는 것처럼 행동하고, 낯선 사람이 찾아오면 문을 열어 주지 않아요. 문은 꼭 잠그고 있어요.

6 전화가 걸려 올 때

⚠️ 전화로 우리 집에 대한 정보를 물어보면 모른다고 해요. 또 집에 혼자 있을 때 음식을 배달시키지 않아요.

어린이 안전퀴즈!

❶ 집에 혼자 있을 때 문을 열어 줘도 좋은 사람은 누구인가요?

① 이웃집 아줌마　② 가스 검침원　③ 택배 아저씨

④ 엄마가 문을 열어 줘도 된다고 말한 친척 누나

❷ 다음 중 잘못된 행동을 한 어린이는 누구일까요?

① 집에 들어갈 때 "다녀왔습니다." 하고 인사한 어린이

② 사람들이 보는 앞에서 현관 비밀번호를 누르지 않은 어린이

③ 혼자 있을 때 배달 음식을 시킨 어린이

④ 낯선 사람이 있는 엘리베이터에 타지 않은 어린이

정답 ❶ ④ ❷ ③

19

왕조심 박사의 모험을 즐기는 약

왕조심 박사의 손녀딸 딸기는 오늘따라 몸이 근질근질해서 가만히 앉아 있을 수가 없었어요.

"우리 도둑잡기 놀이하자!"

딸기는 말썽꾸러기 짝꿍 동동이에게 잡히지 않으려고 책상 사이를 **요리조리 피하며** 달리기 시작했어요.

"앗!"

뾰족한 책상 모서리에 부딪힐 뻔한 그 순간, 뒤에서 '휙' 하고 누군가 딸기를 잡아당겼어요. 딸기는 재빨리 뒤를 돌아보았지만, 저 멀리 동동이가 달려오는 모습만 보일 뿐이었어요.

"우리 이번에는 연필 싸움하자!"

그런데 딸기의 **뾰족한 연필**이 동동이의 얼굴을 향하는 순간, 연필이 손에서 휙 빠져나가 바닥에 떨어졌어요.

신기한 일은 그 뒤로도 계속됐어요.

창틀에 앉아서 공깃돌 던지기 놀이를 하는데, 갑자기 공깃돌이 손에서 휙 빠져나가는 거예요. 딸기의 몸도 창틀 아래로 밀려나고요.

점심시간에 급식실에 가려고 **계단을 두 개씩 건너 뛰어오르다** 발을 잘못 디뎌 넘어질 뻔했을 때에도, 계단 난간을 타고 내려오다 떨어질 뻔했을 때에도, 누군가 잡아 주는 듯한 느낌을 받았어요.

급식실에서 **식판을 한 손으로** 들고 가다 놓쳤을 때는 식판이

붕 떴다가 딸기 손에 살포시 놓이기도 했답니다.

여기서 끝이 아니었어요. 과학 시간에 실험 기구들을 막 만지고, **약품 냄새를 맡으려 할 때**에도 딸기의 행동을 막는 보이지 않는 힘이 느껴졌어요.

체육 시간에 딸기가 힘껏 찬 공이 **안경을 쓴 친구**에게로 날아갔을 때에는 날아가던 공이 갑자기 공중에서 멈추더니 땅으로 뚝 떨어지기도 했고요.

마침내 청소 시간이 되었어요. 딸기는 동동이와 **대걸레를 거꾸로 들고** 장난을 쳤어요. 동동이의 대걸레에 머리를 맞을 뻔했지만 이번에도 몸을 뒤로 휙 잡아당기는 힘 덕분에 피할 수 있었답니다.

'오늘은 참 신기한 날이야!'

하루를 무사히 마치고 딸기는 집으로 돌아갔어요.

잠시 후, 아무도 없는 교실에 끄응 앓는 소리를 내며 왕조심 박사가 모습을 드러냈어요.

"휴, 딸기가 '**모험을 즐기는 약**'을 마실 줄 누가 알았을까? 투명해지는 약을 먹고 딸기를 따라다니지 않았다면 큰일 날 뻔했어. 앞으로 약은 냉장고에 넣지 말고 꼭 안전한 곳에 둘 거야!"

왕조심 박사는 기진맥진해서 집으로 돌아갔답니다.

학교에서 지켜야 할 **안전 규칙**

1 교실에서 지켜야 할 규칙들

❶ 뛰어다니지 않아요. 교실에서 뛰어다니다가 넘어지거나 책상이나 의자에 부딪혀서 다칠 수 있어요.

❷ 의자를 흔들거리며 앉지 않아요. 손을 놓쳐서 뒤로 넘어지면 머리나 허리를 크게 다칠 수 있어서 위험해요.

❸ 친구와 대걸레나 빗자루와 같은 청소 도구를 휘두르며 장난치지 않아요. 청소 도구에 맞아서 다칠 위험이 있어요.

❹ 친구에게 물건을 던지지 않아요. 아무리 작고 가벼운 물건이라도 던지는 힘에 따라 친구를 크게 다치게 할 수도 있어요.

❺ 사물함, 책상, 교탁 등에 매달리거나 올라가지 않아요. 떨어지면 위험해요.

❻ 칼, 가위, 연필과 같이 뾰족한 물건으로 장난치지 않아요. 얼굴이나 눈을 찔려 다칠 수 있어요.

❼ 창틀에 올라가거나 기대어 앉지 않아요. 아래로 떨어지면 크게 다치거나 자칫 목숨을 잃게 될 수도 있어요.

❽ 창밖으로 물건을 던지지 않아요. 떨어지면서 물건의 속도가 점점 빨라지기 때문에 지나가는 사람이 그 물건에 맞기라도 하면 몹시 위험해요.

2 복도에서

뛰어다니지 않아요. 친구들과 부딪혀서 넘어지면 다칠 수 있어요. 앞을 보며 바르게 걷고, 우측 보행을 지켜요.

3 계단에서

계단을 한 번에 두세 칸씩 오르내리지 않아요. 또 계단 난간을 타고 내려오지 않아요.

4 급식실에서 식판을 들 때

식판을 두 손으로 들어요. 식판을 든 채로 뛰어다니거나 앞사람을 밀지 않고 조심조심 걸어요.

5 급식실에서 밥을 먹을 때

젓가락이나 포크로 친구와 장난치지 않아요. 뜨거운 국에 데이지 않도록 조심해요.

6 실험실 안전 장비 착용하기

안전 장비를 착용해요. 실험 도구 사용법을 제대로 익히고, 선생님의 말씀에 귀 기울여 행동해요.

7 약품 냄새 맡지 않기

실험실에서는 약품 냄새를 함부로 맡지 않아요. 약품 중에 독한 성분이 들어 있는 것도 있어서 위험해요.

8 약품이 눈에 들어갔을 때

실험하다가 약품이 눈에 들어갔을 때에는 곧장 흐르는 물에 눈을 씻어 내고, 병원에서 치료를 받아요.

9 운동장에서 공놀이할 때

얼굴을 향해 공을 차지 않아요. 특히 안경 쓴 친구가 공에 맞으면, 안경이 눈을 찌를 수 있어서 위험해요.

🔟 그 밖에 운동장에서 지켜야 할 규칙들

① 신발을 구겨 신지 않아요. 신발이 벗겨지면서 넘어질 수 있어요.

② 친구에게 모래를 뿌리지 않아요. 눈에 모래가 들어가면 몹시 아프답니다.

③ 친구를 밀거나 잡아당기지 않고, 운동 기구를 안전하게 이용해요.

어린이 안전퀴즈!

① 다음과 같이 행동하면 어떤 일이 벌어질까요? 큰 소리로 말해 보세요.

① 계단을 두세 칸씩 뛰어 내려가요. ➡ (   )

② 창틀에 올라가서 고개를 내밀고 밖을 내려다봐요. ➡ (   )

③ 가위나 뾰족한 자를 휘두르며 장난쳐요. ➡ (   )

④ 책상 사이를 뛰어다녀요. ➡ (   )

② 다음 중 올바르게 행동한 어린이는 누구일까요?

① 식판을 두 손으로 드는 어린이   ② 신발을 구겨 신은 어린이

③ 창밖으로 물건을 던지는 어린이   ④ 포크로 장난치는 어린이

① ❷ 다칠 수 있어요.-② 창밖으로 떨어져요.-③ 다칠 수 있어요.-④ 부딪쳐 다칠 수 있어요. ❷ ① 정답

27

누나의 초능력

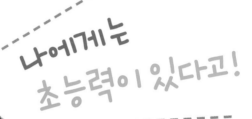

음, 이건 비밀인데요.

우리 누나는 초능력이 있어요.

집에 가만히 앉아서도 아주

멀리 있는 것을 볼 수 있어요.

내가 누나의 초능력을

눈치챈 건 얼마 전이었어요.

"힘찬이 너, **미끄럼틀**

거꾸로 타지 말랬지?"

내가 놀이터에서 돌아오자 누나가 대뜸 말했어요.

누나가 어떻게 알았을까요? 누나는 놀이터에

온 적이 없는데 말이에요. 처음에 나는 시치미를 뚝 뗐지요.

"누나가 봤어?"

"봤지."

"거짓말!"

"너 한결이랑 미끄럼틀 탔잖아.  엎드려서 내려오질 않나, 그냥 뛰어 내려오질 않나, 그러다가 다치면 어쩌려고 그러니?"

누나는 내가 한결이랑 장난친 것도 환히 알고 있었어요.

"놀이터에 언제 왔어?"

"놀이터에 안 가도 다 아는 수가 있어!"

나는 한결이가 고자질한 게 분명하다고 생각했어요. 그런데 다음 날 한결이에게 물어봤더니 절대 아니라는 거예요.

그래서 다음 날은 놀이터에서 놀면서도 누나가 어디서 훔쳐보고 있는지 잘 살펴봤어요.

나무 뒤도 찾아보고, 골목도 찾아보고, 숨을 만한 곳은 다 찾아보았지만 누나는 보이지 않았어요.

우리는 누나가 없는 걸 확인하고 놀이터 옆길에서 신 나게
공놀이를 했어요.

그런데 집에 오니 누나가 또
화를 냈어요.

"너, 공 줍는다고 **갑자기**
찻길로 뛰어들면 어떡해!
자꾸 위험한 짓하면 놀이터에
못 가게 한다?"

누나는 단단히 엄포를 놓았어요.

나는 설마 하는 마음으로 물었어요.

"누나 혹시 초능력 생겼어?"

"뭐라고? 호호. 그래, 초능력 생겼다. 왜? 네가 뭐하고 노는지
다 보이니까 누나 속일 생각은 말고, 앞으로는 안전하게 놀아!"

흠, 누나가 정말 수상했어요. 우리 집에서 놀이터는 한참 먼데, 어떻게 집에 가만히 앉아서 놀이터에서 내가 하는 걸 족집게처럼 알겠어요?

또 어떤 날은 이렇게 말했어요.

"힘찬아, 그네를 탈 때는 **두 손으로 그네 줄을 꼭 잡아야 해.** 안 그러면 크게 다칠 수도 있단 말이야."

"모래를 뿌리는 장난은 치면 안 돼! 모래가 **친구의 눈에 들어가면** 아주 큰일 나. 아휴, 넌 어쩜 그렇게 위험한 짓만 하니? 이러니까 내가 너한테서 한시도 눈을 뗄 수 없는 거야."

누나가 이렇게 말했을 때 나는 확신했어요. 누나에게 초능력이 생긴 게 틀림없다고요.

할 수 없이 나는 누나의 말을 고분고분 따를 수밖에 없었어요.

공이 굴러가도 차가 오는지 잘 살핀 다음에 줍고, 그네를 탈 때는 두 손으로 줄을 꼭 잡고, 미끄럼틀이나 놀이 기구도 안전하게 이용했지요.

그런데 쳇, 누나는 초능력을 좋은 일에 안 쓰고 나를 감시하는 데만 쓰나 봐요. 시험 문제의 답을 알려 주거나,

게임에서 늘 이기게 하거나, 친구들의 생각을 읽는 초능력이면 얼마나 좋을까요? 내가 좋아하는 별이가 뭐하고 있는지 알려 달라거나, 판다 문구점에 새 게임이 들어왔는지 알아맞혀 달라고 하면 머리만 콩 쥐어박지 뭐예요. 초능력이 생겼으면 좀 더 좋은 일에 쓸 것이지 왜 감추고만 있을까요? 언젠가는 내가 누나의 초능력의 비밀을 꼭 밝혀낼 거예요.

그런데 오늘은 웬일인지 누나가 늦네요. 나는 심심해서 텔레비전을 틀었어요. 만화 영화를 보려고 채널을 돌리는데, 어? 텔레비전 화면에 누나가 나오는 게 아니겠어요?

누나는 놀이터 벤치에 앉아 친구와 걱정인형을 만들고 있었어요. 걱정을 대신해 주는 걱정인형은 누나 방에 세 개나 더 있지요.

아하! 놀이터에 있는 CCTV가 텔레비전 화면에 비쳐지는 거였구나?

나는 누나가 돌아왔을 때 말했어요.

"누나, 슬기 누나랑 놀이터 벤치에 있었지?"

"응? 놀이터에 왔었니?"

"아니, 하지만 다 봤어. 걱정인형 만들었지? 이제 나도 초능력 생겼다, 뭐."

나는 누나한테 메롱을 하고 공을 들고 밖으로 나갔어요.

"야! 놀이터가 다 보여도, 너 노는 거 살펴보는 게 얼마나 힘든 줄 알아? 그러니까 **앞으로도 안전하게 놀아.** 알았어?"

뒤에서 누나가 소리쳤어요.

헤헤, 나도 알아요. 공부하느라 바쁜 누나가 내가 노는 걸 쭉 지켜봤던 거예요. 내가 위험하게 놀까 봐서요. 누나의 초능력은 가짜지만 누나의 마음은 진짜라는 걸 알지요.

그나저나 초능력은 정말 불가능한 걸까요?

앞으로는 한결이랑 초능력에 대해서 연구해 봐야겠어요. 한결이가 그러는데 어떤 영화에서 주인공이 사과나무에서 사과가 떨어질 때까지 쳐다보다가 초능력이 생기는 걸 봤대요.

가을이 되면 나도 한결이랑 같이 사과나무에서 사과가 떨어질 때까지 쳐다보는 실험을 해 봐야겠어요.

놀이터에서의 **안전 규칙**

1 그네 타기

앗, 떨어지겠어!

두 손으로 그네 줄을 꼭 잡고 타요. 한 손으로만 그네 줄을 잡으면, 그네에서 떨어져 다칠 수도 있어요.

2 회전 놀이 기구 타기

어질 어질

너무 오래 돌리면 어지러워요. 뱅글뱅글 돌아가는 상태에서 갑자기 내리지 않아요.

3 시소 타기

으악! 그냥 내리면 어떡해!

수평이 맞지 않은 상태에서 갑자기 시소에서 내리지 않아요. 시소에서 떨어지면 다칠 수도 있어요.

4 미끄럼틀 타기

으악

엎드려 타지 않아요. 떨어질 수도 있으니 미끄럼틀 위에서 장난을 치지 않아요.

5 철봉 놀이하기

⚠ 손을 놓은 채 거꾸로 철봉에 매달리지 않아요.

6 공놀이하기

앗

⚠ 공이 찻길로 굴러가더라도 찻길로 뛰어들지 않아요.

어린이 안전퀴즈!

❶ 알맞은 것끼리 줄로 이어 보세요.

① 그네를 탈 때 •
② 미끄럼틀 탈 때 •
③ 공놀이 할 때 •
④ 모래 놀이 할 때 •

• ㉠ 공을 주우러 찻길로 뛰어들면 안 돼요.
• ㉡ 한 손으로 줄을 잡고 타면 안 돼요.
• ㉢ 엎드려서 내려오면 안 돼요.
• ㉣ 친구에게 모래를 뿌리면 안 돼요.

❷ 놀이터에 갈 때 어떤 옷을 입고 가나요?

① 잠옷   ② 티셔츠와 바지   ③ 부모님 옷   ④ 한복

정답 ❶ ①-㉡ ②-㉢ ③-㉠ ④-㉣ ❷ ②

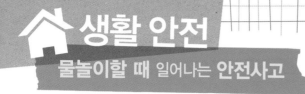
진진아, 물놀이 가자

진진이는 무엇에나 이름 붙이기를 좋아해요. 자기 몸에도
하나하나 이름을 붙였어요. 머리카락은 찰랑이, 손가락은 띵이,
다리는 키키, 얼굴은 짱이지요.

진진이는 물방울무늬 수영복 '방울이'와 보라색 물안경 '샤샤'
그리고 튜브 '통통이'와 구명조끼 '동동이'를 가방에 넣었어요.

신 나는 여름 방학을 맞아 가족과 함께 워터파크, 바다, 계곡으로
물놀이 투어를 떠나기로 했거든요.

첫날은 워터파크 투어예요!

워터파크에 도착하자마자 진진이는 물방울무늬 수영복 방울이로
갈아입고 풀장을 향해 뛰어갔어요.

"애들아, 수영장 바닥은 미끄러워서 뛰어다니면 다쳐!"

엄마가 큰 소리로 주의를 주었어요.

"이 녀석들아, 아무리 급해도 **준비운동**은 하고 들어가야지."

아빠도 풀장을 향해 뛰어가는 아이들을 말렸답니다. 결국
진진이와 보보는 아빠를 따라 가볍게 준비운동을 했지요.

"물에 들어갈 때는 **심장에서 멀리 떨어진 발부터** 천천히
물을 묻히면서 들어가야 한단다. 알았지?"

진진이와 보보는 풀장에서 튜브를 타며 물장구도 치고,
미끄럼틀도 타고, 인공 파도가 출렁일 때마다 점프도 하면서
마음껏 물놀이를 즐겼어요.

하나둘, 하나둘!

한참을 놀다 진진이는 **부르르** 떠는 보보의 몸짓을 봤어요.

"너 방금 물에다 오줌 쌌지?"

"화장실 가기 귀찮아서, 헤헤."

진진이는 오줌을 싼 동생 보보가 창피해서 자신도 모르게

얼굴이 발그레해졌어요.

"수영장 물에 오줌을 누면 물이 오염된단 말이야. 사람들이

피부병이나 눈병에 걸리면 어떡하려고!"

진진이는 눈을 가늘게 뜨며 동생 보보를 흘겨보았지요.

"다음부터는 안 그럴게. 정말이야!"

너 오줌 쌌지?

부르르   **부르르**

진진이는 보보가 깊이 반성하는 것 같아서 한 번만 봐주기로 했어요.

둘째 날, 진진이네 가족은 바다로 떠났어요.

아빠는 진진이의 튜브 퉁퉁이에 바람도 넣어 주고, 구명조끼 동동이도 입혀 주었어요. 엄마는 **선크림을 발라 주고 모자도 씌어 주었지요.**

"모래도 뜨겁고 유리 조각이 있을 수도 있으니까 신발을 꼭 신어야 해. 안전선 안에서만 놀고, 물속에 오래 있으면 안 돼. 알겠지?"

진진이와 보보는 엄마 아빠와 손가락 걸고 약속한 뒤 준비운동을 하고 바닷속으로 들어갔어요.

"앗, 따가워!"

한참을 놀다가 진진이는 갑자기 다리에서 **톡 쏘는 느낌이** 들었어요.

"누나, 혹시 해파리에 쏘인 거 아니야?"

보보는 얼른 뛰어가 아빠한테 알렸어요. 아빠는 재빨리 **119에 신고하고,** 바닷물로 진진이의 다리를 씻어 낸 뒤 병원에 데려갔어요. 다행히 응급 처치를 잘해서 별 문제는 없었지요.

다음 날, 진진이네 가족은 계곡으로 떠났어요. 시원한 계곡물에
수박도 띄워 놓고, 계곡물에 들어가 신 나게 물놀이도 즐겼지요.

그런데 보보의 신발이 벗겨져서 계곡물에 떠내려가지 뭐예요.

"앗, 내 신발!"

보보가 신발을 잡으려고 따라가자 진진이가 보보의 팔을
붙잡았어요.

"보보야, 물살이 센 곳도 있어서 무작정 **신발을 잡으려고**

아빠 최고!

따라가선 안 돼. 아빠한테 건져 달라고 부탁하자."

아빠는 기다란 장대로 보보의 신발을 건져 주었답니다.

"앗, 사람이 빠졌어요!"

외침 소리에 돌아보니 어떤 아저씨가 계곡물에서 허우적거리고 있었어요.

"아빠, 얼른 들어가서 아저씨를 구해 주세요!"

보보가 발을 동동 구르며 아빠를 재촉했어요.

"물에 빠진 사람을 구할 때는 직접 들어가면 안 된단다.
119에 신고하고 물에 뜨는 튜브를 던져 주거나, 긴 줄을 던져 줘야 해. 줄을 잡으면 물 밖에 있는 사람들이 힘을 모아 끌어당기면 되거든."

아빠는 물에 빠진 아저씨에게 튜브를 던져 주고, 119에 신고했어요. 잠시 뒤 긴급 구조대가 와서 아저씨를 무사히 구해 주었지요.

"휴, 다행이다."

진진이와 보보는 신 나는 물놀이를 위해서는 안전 규칙을 꼭 지켜야 한다는 걸 다시 한 번 깨달았어요.

물놀이할 때 지켜야 할 **안전 규칙**

1 수영장에서의 복장

수영 모자
수영복
물안경

⚠ 수영장에서 물놀이할 때는 수영복,
수영 모자, 물안경을 꼭 착용해요.

2 뛰지 않기

미끌

⚠ 수영장에서는 미끄러져서 넘어질 수
있으니 뛰어다니지 않아요.

3 준비운동하기

이렇게 하면
되는 거지?

⚠ 물에 들어가기 전에는 꼭 준비운동을
해요. 준비운동을 하지 않고 물속에
갑자기 들어가면 다리에 쥐가 나서
위험할 수 있어요.

4 발부터 담그기

⚠ 물에 들어갈 때에는 심장에서 먼 발
부터 천천히 물을 묻히면서 들어가
요. 그렇지 않으면 심장이 놀라서 심
장마비에 걸릴 수도 있답니다.

5 정해진 곳에서 다이빙하기

정해진 곳에서만 다이빙해요. 특히 얕은 물에서 다이빙하면 머리를 다칠 수 있으니 조심해요.

6 깊은 물에 들어가지 않기

수영을 잘해도 깊은 물에는 들어가지 않아요. 자신의 키에 알맞은 깊이의 물에서만 놀아요.

7 물놀이 기구 이용법 지키기

물놀이 기구를 안전하게 이용해요. 이용법을 무시하고 탔다가는 자칫 큰 사고로 이어질 수 있어요.

8 오줌 싸지 않기

수영장 안에서 오줌을 싸지 않아요. 물이 오염되어 피부병이나 눈병을 일으킬 수도 있어요.

9 바다에서 지켜야 할 규칙들

① 바닷물에 들어가기 전 수영 모자, 물안경을 쓰고, 구명조끼를 입어요.

② 신발을 꼭 신어요. 햇볕에 뜨겁게 달궈진 모래를 밟으면 화상을 입을 수도 있고, 유리 조각에 찔려 다칠 수도 있거든요.

③ 뜨거운 햇볕에 화상을 입지 않도록 선크림을 꼭 바르고, 선글라스와 모자 등을 쓰도록 해요.

④ 튜브는 손으로 눌렀을 때 약간 말랑말랑할 정도로만 공기를 넣어요. 탱탱할 정도로 튜브에 공기를 넣으면 터질 수도 있어요.

⑤ 안전선 안쪽에서만 놀아요. 안전선 안쪽이라도 물이 배꼽 위로 올라오는 곳이나 엄마, 아빠가 보이지 않는 곳에서는 놀지 않아요. 특히 안전선 바깥쪽은 어른의 키보다도 깊은 곳이므로 절대 안전선 바깥쪽으로 나가지 않아요.

⑥ 너무 오랫동안 물속에 있지 않아요. 감기에 걸릴 수도 있고 저체온증으로 위험해질 수 있어요.

10 샌들 신기

샌들

계곡에서는 물살 때문에 슬리퍼가 쉽게 벗겨져요. 샌들처럼 발에 고정되는 끈이 달린 신발을 신어요.

11 신발 주우러 가지 않기

신발이 떠내려가면, 신발을 주우러 따라가지 말고, 어른에게 도와 달라고 부탁해요.

12 물에 빠진 사람을 보았을 때

살려 주세요!

물에 들어가지 말고, 곧장 119에 신고해요. 그리고 튜브, 기다란 밧줄 등을 던져 주어요.

13 계곡물 마시지 않기

목이 마르다고 해서 계곡물을 함부로 마시면 안 돼요. 계곡물에는 기생충과 미생물이 있어서 잘못 마시면 몸에 탈이 날 수도 있답니다. 계곡으로 놀러 갈 때에는 마실 물을 꼭 챙겨 가도록 해요.

해파리에 쏘였을 때 응급 처치!

1 해파리에 쏘인 사실을 알려요

발빠른 응급 처치를 위해 안전 요원에게 해파리에 쏘인 사실을 재빨리 알려요.

2 해파리를 떼어 내요

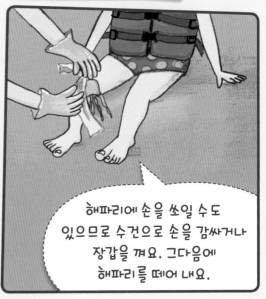

해파리에 손을 쏘일 수도 있으므로 수건으로 손을 감싸거나 장갑을 껴요. 그다음에 해파리를 떼어 내요.

3 상처 부위를 씻어 내요

바닷물을 상처 부위에 부어 소독해요. 이때 생수나 알코올을 부으면 해파리 독이 번질 수도 있으니 사용하지 마세요.

4 병원에 가요

응급 처치가 끝났으면 곧바로 병원으로 가서 의사에게 진료를 받아요.

해파리가 뭐예요?

해파리는 바닷속에서 동물성 플랑크톤을 먹고 사는 무척추동물이에요. 몸통은 우산 모양을 띠고 있으며, 머리카락과 같은 촉수를 몸통 아래로 드리우고 바다를 떠다니지요. 해파리는 8~9월에 활발히 활동하는데, 천적인 말쥐치의 수가 줄면서 해파리의 수가 급격히 늘었다고 해요. 그만큼 해파리에 쏘이는 사고도 몹시 늘어났답니다. 이러한 문제점을 해결하기 위해 사람들은 말쥐치 양식에 많은 노력을 기울이고 있지요.

어린이 안전퀴즈!

❶ 다음 중 물놀이 안전 규칙을 지키지 않은 어린이는 누구일까요?

① 물에 들어가기 전에 준비운동을 하는 어린이
② 바닷가에서 구명조끼를 입고, 샌들을 신고 있는 어린이
③ 물에 빠진 사람에게 튜브를 던져 주는 어린이
④ 계곡에서 떠내려가는 신발을 주우러 가는 어린이

❷ 해파리에 쏘였을 때 해서는 안 되는 행동을 모두 골라 보세요.

① 안전 요원에게 해파리에 쏘였다고 알려요.
② 알코올로 상처 부위를 소독해요.
③ 상처 부위를 문질러서 마사지해요.
④ 바닷물로 상처 부위를 10분 이상 씻어 내요.

정답 ❶ ④ ❷ ②, ③

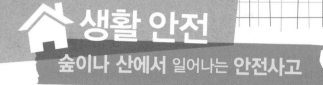

산도깨비를 만났어요

오늘은 **산으로 떠나는** 신 나는 소풍날이에요.

치우와 친구들은 잎이 하늘을 가릴 정도로 큼직한 나무들이 빼곡한 숲을 지나, 약수터도 지나, 산길을 올라갔어요.

엄마가 싸 준 김밥을 맛있게 먹고 달콤한 주스를 마신 뒤, 드디어 보물찾기 시간이 되었지요.

"빨간색 쪽지 안에 보물이 적혀 있어요. 너무 멀리 가지 말고 선생님이 보이는 곳에서 찾아보세요!"

선생님 말씀이 끝나자마자 친구들은 우르르 달려가 쪽지를 찾기 시작했어요.

'나도 얼른 쪽지를 찾아야 하는데, 오줌이 마려울 게 뭐람!'

치우는 멀리 떨어진 화장실까지 가는 게 귀찮아서 사람이 보이지

않는 **나무 아래에서 오줌을 누려고** 했어요.

"누가 남의 집에 오줌을 누려는 거야? 쿵쿵."

치우는 깜짝 놀랐어요. 옆을 돌아보니 눈앞에 웬 산도깨비가

서 있는 거예요.

"**진드기**가 있어서 숲에서는 함부로

오줌을 누면 안 돼. 나를 따라와, 쿵쿵."

산도깨비는 치우의 손을 잡아끌고

자신이 살고 있는 나무 속으로 쏙

들어갔어요. 덕분에 치우는 도깨비 집

화장실에서 시원하게 오줌을

누었지요.

"고, 고맙습니다!"

얼떨떨한 기분으로 도깨비 집을 나와 돌아가려는데, 친구들과 선생님이 어디에 있는지 찾을 수가 없었어요.

치우는 한참을 같은 자리만 뱅뱅 돌며 헤맸어요.

'이러다 집에도 못 가고, 엄마랑 아빠도 영영 못 보게 되면 어떡하지?'

치우는 겁이 나서 눈물이 핑 돌았어요. 그때였어요. 산도깨비가 다시 나타났어요.

"**등산로를 벗어나면** 길을 잃어버리기 쉬워. 길을 잃어버렸을 때에는 나뭇가지로 위치를 표시하면서 왔던 길을 되돌아가는 게 좋아. 내가 도와줄게, 쿵쿵."

치우는 다시 나타나 준 산도깨비가 몹시 반가웠지요.

애앵, 애앵.

산도깨비를 따라 걷고 있는데,

애앵 소리가 점점 가까이 들려오기 시작했어요. 벌 떼였지요.
치우는 깜짝 놀라 손을 휘저었어요.

"앗, 움직이지 마! 도망치거나 손으로 벌을 쫓으면, 벌이 놀라서
공격할 수도 있어. 가만히 있으면 쏘지 않을 거야, 쿵쿵."

산도깨비의 말에 치우는 눈을 꼭 감고 가만히 있었어요. 그러자
애앵 소리가 점차 멀어져 갔지요.

"벌은 단 냄새나 진한 향기를 좋아하니까 산에서는 단 음식을
먹거나 향수를 뿌려서도 안 돼, 쿵쿵."

치우는 아까 마신 달콤한 주스를 떠올리며, 다시 산도깨비를
따라 산길을 걷기 시작했어요. 걷는 도중에 치우는 알록달록
예쁘게 생긴 버섯을 발견했어요.

"와, 예쁘다!"

치우가 호기심에 만지려고 하자 산도깨비가
황급히 말렸어요.

"처음 보는 버섯이나 열매는 만지거나
먹으면 안 돼. 독이 있을 수도 있어,
쿵쿵."

그때였어요. 나무 위에서 쉬익 소리가 나서
위를 올려다본 치우는 "악!" 하고 소리를 질렀어요. 뱀이 나무

51

위에서
혀를
날름거리며
치우를
바라보고
있었어요. 다행히
산도깨비가 뱀을 쫓아
주었지요.

"산에선 특히 뱀을 조심해야
해. 나는 뱀에 물린 사람을 자주 보는데,
뱀에 물리면 상처 위쪽을 단단히 묶고, 빨리 병원으로 가야 해,
킁킁."

치우는 산도깨비 덕분에 산에서 조심해야 할 것들에 대해
알았어요. 오늘 산도깨비를 만나지 않았다면 어땠을지 생각만 해도
오싹했지요.

"앗, 친구들이다!"

저만치 열심히 보물 쪽지를 찾고 있는 친구들이 보였어요.

"잘됐구나. 나는 이제 낮잠이나 자야겠다. 참, 오다가 이걸
발견했는데. 너 줄까? 킁킁."

산도깨비가 내민 건 빨간 보물 쪽지였어요.

"치우야!"

친구들이 치우를 불렀어요. 치우는 친구들에게 아는 체를 할 겸 손을 흔들고 산도깨비에게 감사 인사를 하려고 옆을 보았지요. 그 순간 치우는 깜짝 놀랐어요. 산도깨비가 어느새 사라지고 없었거든요.

"엇, 너도 보물 쪽지 찾았구나! 어디서 찾았어?"

친구의 말에 치우가 어깨를 으쓱거리며 말했지요.

"산도깨비가 줬지롱!"

"말도 안 돼. 도깨비가 세상에 어디 있어!"

친구들은 치우의 말을 믿지 않았지만, 치우는 알아요. 오늘 산도깨비 덕분에 안전하게 돌아올 수 있었다는 걸요. 치우는 빨간 보물 쪽지를 만지작거리며 산도깨비가 사라진 숲을 가만히 바라보았답니다.

1 등산하기에 알맞은 복장

긴소매 티셔츠

긴 바지   편한 운동화

벌레나 진드기에 물리지 않도록 긴 옷을 입어요. 발이 편하고 바닥이 미끄럽지 않은 운동화를 신어요.

2 독이 든 열매 조심하기

앗, 독버섯이야!

산에서 발견한 열매나 버섯은 함부로 만지거나 먹지 않아요. 독이 들어 있을 수도 있어요.

3 벌의 특성 알기

스프레이 향이다!

산에 갈 때에는 헤어스프레이를 뿌리거나 단 음식을 먹지 않아요. 벌은 진하고 달콤한 향을 좋아하기 때문에 헤어스프레이 향이나 달콤한 향을 따라 벌이 쫓아올 수도 있어요.

4 벌 떼가 쫓아올 때

앗, 벌 떼다!

벌이 주위를 맴돌 때에는 도망가거나 손으로 휘젓지 않아요. 벌이 자신을 공격하는 줄 알고 침을 쏠 수도 있어요. 가만히 있어야 벌이 공격하지 않는답니다.

5 독이 든 뱀 알기

나는 독이 없어!

나는 독사야!

날름

날름

⚠ 산에서는 뱀을 조심해야 해요. 특히 머리 모양이 세모꼴인 뱀은 독사이므로 물리지 않도록 주의해요.

6 아무 데서나 오줌 싸지 않기

⚠ 화장실까지 가기 귀찮다고 해서 아무 데서나 오줌을 싸면 안 돼요. 진드기와 같은 벌레에 물릴 수도 있어요.

7 안내 표지판 확인하기

⚠ 등산을 할 때에는 길을 잃지 않도록 안내 표지판을 잘 살펴요. 어디로 가야 하는지, 또 얼마나 가야 하는지 한 눈에 알 수 있어요.

8 산에서 길을 잃었을 때

⚠ 길을 잃었다면, 왔던 길을 되짚어 돌아가세요. 이때 나뭇가지를 바닥에 떨어뜨려 위치를 표시하면서 가면 좋아요.

9 정해진 길로만 가기

지름길인가?

지름길처럼 보인다고 길이 나 있지 않은 풀숲을 헤쳐 가서는 안 돼요. 길을 잃을 수도 있고, 위험한 동물을 만날 수도 있어요.

10 물 자주 마시기

꿀꺽 꿀꺽

산을 오르다 보면 땀이 많이 나요. 몸에 수분이 부족하면 쉽게 지치고 자칫 쓰러질 수도 있어요. 물을 자주 마셔서 수분을 보충해 주어야 해요.

11 깨끗이 씻기

쏴아-

산에서 돌아온 뒤에는 바로 씻어요. 그리고 벌레나 진드기에 물린 곳이 없는지 몸을 꼼꼼히 살펴요.

12 옷 탈탈 털기

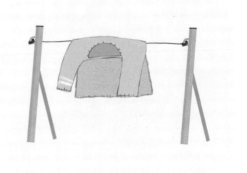

산에서 입은 옷은 탈탈 턴 뒤에 세탁해요. 벌레가 옷에 붙어 있을 수도 있거든요.

1 벌에 쏘였어요

> 벌에 쏘였을 때에는 손으로 벌침을 빼내지 말고 카드로 긁어서 빼낸 뒤 곧바로 병원으로 가야 해요.

2 뱀에 물렸어요

> 입으로 독을 빨아 내지 않아요. 끈이나 손수건으로 상처의 위쪽을 꽉 묶은 뒤 나무판자 등으로 고정하여 병원으로 가요.

어린이 안전퀴즈!

❶ 다음 중 산에 갈 때 가장 안전한 차림을 한 어린이는 누구일까요?

① 헤어스프레이 또는 무스를 바른 어린이
② 샌들을 신은 어린이
③ 반바지를 입은 어린이
④ 긴소매 옷에 운동화를 신은 어린이

❷ 다음 중 산에서의 안전 규칙을 잘못 알고 있는 어린이는 누구일까요?

① 산에서 발견한 버섯이나 열매를 먹지 않은 어린이
② 등산로가 아닌 길은 가지 않는 어린이
③ 벌이 날아오면 움직이지 않고 가만히 있는 어린이
④ 뱀에 물린 친구를 위해 입으로 독을 빨아 낸 어린이

정답 ❶ ④ ❷ ④

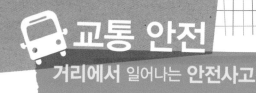

진진아, 벼룩시장 가자!

며칠 전 진진이네 집에 덜렁이 삼촌이 왔어요. 취직이 될 때까지 앞으로 진진이네 집에서 살 거래요.

'말썽꾸러기 보보에 덜렁이 삼촌까지……. 앞으로 힘들어지겠군!'

진진이는 벌써부터 머리가 지끈지끈 아파 왔지요.

그러던 어느 날 아침, 결국 올 것이 오고 말았어요.

"오늘 진진이랑 보보 데리고 벼룩시장에 좀 다녀와 줄래?"

엄마가 미안한 표정을 지으며 덜렁이 삼촌에게 부탁하지 뭐예요. 용돈이 두둑이 든 봉투를 건네면서 말이에요.

엄마는 벼룩시장에서 팔고 오라며 진진이와 보보가 더 이상 갖고 놀지 않는 인형, 로봇, 딱지, 구슬, 레고 블럭을 챙겨 주었어요.

"삼촌, 엘리베이터 문이 갑자기
열릴 수도 있으니까 기대면 안 돼요!
보보야, 엘리베이터 안에서 뛰면 안 돼.
고장 나서 멈출 수도 있어!"

진진이는 엘리베이터 문에 기댄 삼촌과
방방 뛰는 보보를 보며 한숨을 푹 내쉬었지요.

엘리베이터에서 내리자마자 보보는 주차장을 가로질러
뛰어가기 시작했어요. 덜렁이 삼촌은 차 뒤쪽에 바짝 붙어서
걸어갔고요.

"보보야! 주차장에서는 언제 어디서 차가 튀어나올지 몰라서
조심해야 해! 삼촌, 차 뒤쪽에
가까이 있으면 안 돼요!"

진진이는 덜렁이 삼촌과
말썽꾸러기 보보 때문에
한시도 마음을 놓을 수가
없었어요.

골목에서 큰길로 나올
때 진진이는 차가 오는지

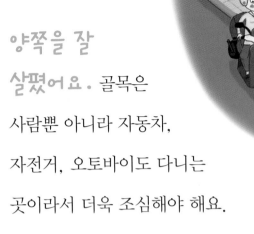

양쪽을 잘
살폈어요. 골목은
사람뿐 아니라 자동차,
자전거, 오토바이도 다니는
곳이라서 더욱 조심해야 해요.

　그런데 보보는 뛰어가다가 할아버지랑 부딪혀서 혼이
나고, 삼촌은 휴대폰을 보다가 오토바이에 부딪힐 뻔했어요.
진진이는 가슴을 쓸어내렸지요.

　"앗, 초록불이다!"

　초록불이 깜빡이는 신호등을 보고 뛰어서 건너려고 하는
보보를 진진이가 간신히 붙잡았어요.

　진진이는 다음 신호를 기다렸다가 초록불이 켜지자
한쪽 팔을 번쩍 들고, 오른쪽으로 안전하게
횡단보도를 건넜어요. 보보와 삼촌은 진진이

뒤를 졸졸 따라갔지요.

"공사장은 위험한 곳이야. 다가가거나 구경하지 말고 빨리

지나가야 해."

진진이는 툭 튀어나온 곳에 걸려 넘어지거나, 움푹 파인 곳에

빠지지 않도록 발밑을 찬찬히 살피며 걸었어요. 하지만 조심성 없는

보보는 돌에 걸려 넘어지고 삼촌은 개똥을 밟고 말았지요.

드디어 벼룩시장이 열리는 광장에 도착했어요. 진진이와 보보와

삼촌은 돗자리에 물건을 펼쳐 놓고 물건을 팔았어요. 물건을 팔고

받은 돈으로 진진이는 동화책을, 보보는 왕딱지 시리즈를, 삼촌은

넥타이를 사서 돌아왔지요.

"애들 데리고 갔다 오느라 고생했다! 너 좋아하는 갈비찜

해 놨어."

진진이는 어이가 없었어요. 오늘 가장 힘들었던 건 진진이라고

요. 덜렁이 삼촌과 보보 때문에 얼마나 마음을 졸였는데요.

61

1 횡단보도 앞에서 멈추기

횡단보도를 건너기 전에는 일단 횡단보도 앞에 멈추어 서서 신호를 기다려요. 이때 인도 아래쪽 차도로 내려가면 안 돼요.

2 오른쪽, 왼쪽 살피기

초록불이 켜지면 왼쪽, 오른쪽을 보며 차가 오는지 잘 살펴요. 신호등이 없는 횡단보도에서도 마찬가지로 행동해요.

3 손 들고 건너기

차가 완전히 멈추었는지 확인하고 운전자를 바라보며 손을 번쩍 들어요. 차에서 멀리 떨어진 횡단보도 오른쪽으로 길을 건너요.

4 초록불이 깜박일 때

초록불이 깜박일 때에는 급하게 건너지 않고, 다음 신호를 기다려요. 횡단보도를 건너는 동안에 빨간불로 바뀌면 위험하거든요.

5 골목길에서

두리번

골목에서 큰길로 나갈 때는 일단 멈추고 오토바이나 차가 지나가지 않는지 왼쪽, 오른쪽을 잘 살펴요. 큰길은 자동차, 자전거, 오토바이도 많이 다녀서 사고 위험이 높아요.

6 정류소에서

버스가 멈추어 있어도 차도로 내려서면 안 돼요. 버스와 같은 큰 차는 운전석이 일반 승용차보다 높아서 키 작은 어린이가 바로 앞에 서 있으면 안 보일 수도 있어요.

7 주차장에서

멈춰 있는 자동차 뒤에서 놀지 않아요. 운전자가 차를 뒤로 움직이면 위험하거든요.

8 공사장에서

철근과 같이 머리에 맞으면 위험한 물체가 떨어지지 않는지 머리 위를 잘 살피며 가요.

9 맨홀 피해가기

☀️ 맨홀에 빠지지 않도록 발밑을 잘 살피면서 걷고, 뚜껑이 있는 맨홀도 밟지 않고 피해서 지나가요.

10 발밑 살피기

☀️ 움푹 파인 곳이나 돌멩이에 걸려 넘어질 수 있으니 발밑을 잘 살피며 지나가요.

11 엘리베이터 문에 기대지 않기

☀️ 엘리베이터 문에 기대거나 손으로 밀지 않아요. 갑자기 문이 열리면 넘어질 수 있어요.

12 엘리베이터에서 장난 안 치기

☀️ 엘리베이터 안에서 방방 뛰지 않아요. 비상 호출 버튼도 함부로 누르지 않아요.

13 엘리베이터가 고장 났을 때

강제로 문을 열려고 하지 말고, 비상 호출 버튼을 누른 뒤 벽 쪽에 앉아서 구조를 기다려요.

14 계단 이용하기

화재, 쓰나미, 지진 등의 재난 사고가 발생했을 때에는 엘리베이터를 타지 말고, 꼭 계단을 이용해요.

어린이 안전퀴즈!

❶ 다음 그림에서 위험한 행동을 한 어린이를 모두 찾아보세요.

정답 ❶ 엘리베이터 안에서 뛰는 어린이, 차 안에 비상등 켜고 서 있는 아이들, 공사 현장에서 노는 어린이, 맨홀 근처에서 놀고 있는 어린이

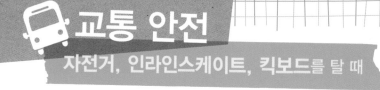
씽씽이 대회

오늘은 씽씽이 대회가 열리는 날.

꼬마 원숭이 숭이는 대회에서 일등을 할 거라며 단단히 별렀어.

대회 장소에 가 보니 인라인스케이트, 킥보드를 준비한 친구들이

꽤 많이 보였어. 숭이는 자전거를 준비했지. 인라인스케이트나

킥보드보다 자전거가 훨씬 빠르다고 생각했거든.

"숭이야, 너는 왜 안전모도 안 쓰고, 보호대도 안 했어?"

주위를 둘러보니 친구들 모두 머리에 안전모를 쓰고, 무릎과 팔꿈치에 보호대를 하고 있었어.

"괜찮아. 그까짓 것 해 봤자 움직일 때 답답하기만 하잖아."

넘어져서 다칠 수도 있다고 토순이가 걱정했지만, 숭이는 아랑곳하지 않고 자신만만하게 말했어.

"난 안 넘어질 자신 있으니 네 걱정이나 해!"

준비, 땅!

드디어 출발이야! 친구들은 각자 자전거, 인라인스케이트, 킥보드를 타고 달리기 시작했어. 숭이도 질세라 페달을 힘껏 밟았지. 한참을 속력을 내다 보니 숭이의 앞에는 아무도 없었어. 이대로라면 일등은 문제없었지.

'어디쯤 오고 있지?'

숭이는 뒤따라오는 친구들을 보려고 뒤돌아보다가 그만 '콰당!' 하고 넘어지고 말았어. 하지만 숭이는 벌떡 일어나서 다시 자전거를 타고 달리기 시작했어.

숭이는 달리고 달려서 친구들을 하나씩 제치고 일등으로

나한테는 보호 장비가 필요 없어!

결승점에 도착했지. 숭이는 상처투성이였지만 일등을 한 사실이
정말 기뻤어.

그런데 이상한 것은 일등 한 숭이에게 메달을 주지 않는 거야.
이게 어떻게 된 일일까?

알고 보니 씽씽이 대회는 일등에게 메달을 주는 대회가
아니었어. 결승점까지 안전하게 탈것을 타고 온 친구들에게 메달을
주는 거였지. 숭이를 뺀 모든 친구들이 '안전 메달'을 받았어.

'난 그것도 모르고, 일등만 하면 되는 줄 알았는데…….'

숭이는 부끄럽고 창피해서 울상이 되었어. 그때 교장 선생님이
숭이에게 다가와 말씀하셨어.

"숭이야, 왜 메달을 받지 못했는지 알고 있니?"

"네, 안전모도 안 쓰고, 보호대도 안 하고……. 안전하게 타지
않아서요."

"맞아. 또 자전거를 탈 때에는 두 손잡이를 꼭 잡아야 한단다!"

교장 선생님이 숭이의 머리를 쓰다듬으며 말씀하셨어.

"그리고 횡단보도에서는 자전거에서 내려서 끌고 가야 해요!"

"비 오는 날에는 자전거를 타면 안 돼요!"

"자전거 도로에서 타야 해요!"

어느새 숭이 주위로 몰려든 친구들이 한마디씩 소리쳤어.

"이제 잘 알았으니 숭이에게도 상을 줄까?"

"네!"

친구들이 입을 모아 외쳤어.

"대신 다음번에는 꼭 안전하게 타야 해! 숭이에게 '미리 주는 안전 메달'을 주마."

와! 드디어 숭이도 메달을 받았어. 미리 주는 안전 메달!

'다음엔 나도 꼭 안전하게 탈 거야!'

숭이는 주먹을 불끈 쥐고 다짐했어.

와, 우리 모두
안전 메달을
받았어.

자전거, 인라인스케이트, 킥보드 **안전 규칙**

1 보호 장비 착용하기

자전거, 인라인스케이트, 킥보드를 타다가 넘어져도 다치지 않도록 머리에는 안전모를 쓰고, 무릎과 팔꿈치에는 보호대를 해야 해요.

2 알맞은 장소에서만 타기

여기서 타면 안 돼!

자전거, 인라인스케이트, 킥보드를 일반 도로나 인도에서는 타지 않아요. 자전거 전용 도로, 넓은 공터, 운동장 등 안전한 곳에서만 타요.

3 비 오는 날에는 타지 않기

미끌 미끌

비 오는 날에는 길이 미끄러워요. 그래서 비 오는 날에는 자전거, 인라인스케이트, 킥보드를 타지 않아요.

4 횡단보도에서는 내리기

횡단보도에서는 사람들과 부딪힐 수도 있으니, 자전거나 킥보드에서 내려서 끌고 가야 해요.

5 위험한 행동 하지 않기

자전거나 킥보드의 경우 한 손으로만 손잡이를 잡거나 바퀴를 들지 않아요. 인라인스케이트의 경우에도 한 발만 들어 타지 않아요.

6 알맞는 탈것 선택하기

내 몸에 딱 맞아!

몸 크기에 알맞는 탈것을 타야 안전해요. 자전거는 앉았을 때 발이 땅에 닿아야 하고, 인라인스케이트는 발에 꼭 맞아야 하지요.

어린이 안전퀴즈!

❶ 아래의 가로, 세로 풀이를 잘 읽고 빈칸에 알맞은 낱말을 넣어 보세요.

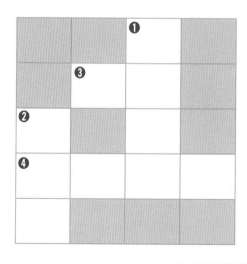

*세로풀이
❶ 자전거를 타고 ○○○○를 건널 때는 자전거에서 내려서 끌고 가야 해요.
❷ 보호 장비에는 머리에 쓰는 ○○○와 무릎과 팔꿈치 보호대 등이 있어요.

*가로 풀이
❸ ○○을 오르내릴 때에는 인라인스케이트를 벗어서 들고 가야 해요.
❹ 자전거를 탈 때는 자전거 ○○○○, 공원, 운동장 등 안전한 곳에서 타요.

정답 ❶ 세로 - ① 횡단보도 ② 안전모 ❷ 가로 - ③ 계단 ④ 전용도로

71

미래 자동차 붕붕이

오늘은 12월 31일이에요. 우당탕 씨 가족은 새해를 맞아 해맞이 여행을 떠나기로 했어요. 우당탕 씨 가족은 자동차 박사를 찾아가 빨간색 귀여운 자동차를 빌렸어요.

"붕붕이는 성격이 좀 까다로워요. 오로지 안전을 위해 행동해요."

자동차 박사의 말에 우당탕 씨는 엄지손가락을 척 들어 올렸어요.

"바로 저희가 찾던 자동차예요. **교통사고 없이** 안전하게 여행을 다녀오고 싶거든요!"

우당탕 씨는 붕붕이에 올라타 시동을 켜고 액셀을 밟았지만 붕붕이는 경고음을 낼 뿐 꼼짝도 하지 않았어요.

"삐뽀삐뽀! **어린이가 앞자리에 앉았음!**"

앞자리에 앉은 무무는 입을 삐쭉 내밀며 뒷자리로 옮겨 탔어요.

"삐뽀삐뽀! **안전벨트**를 매야 함!"

소소가 안전벨트를 바르게 맨 뒤에야 붕붕이는 "부웅!" 하고 경쾌한 소리를 내며 출발했지요.

"삐뽀삐뽀! **창밖으로 손을 내밀었음!**"

붕붕이가 경고음을 내며 멈춰 서자, 떠들고 장난치던 무무와 소소는 창문을 닫고 바르게 앉았답니다.

"아니, 이게 무슨 냄새야!"

휴게소에 잠시 들렀을 때였어요. 무무와 소소만 남겨 놓고 잠깐 화장실에 다녀온 사이 차 안에 방귀 냄새가 가득 차 있지 뭐예요.

"삐뽀삐뽀 경고 방귀 1호 발사! **운전석 기기**를 함부로 만졌음!"

"어휴, 애들이 또 말썽을 부렸구나. 붕붕아, 미안하다."

붕붕이는 그 뒤로도 규정된 속도로만 달렸어요.

심지어 **어린이 보호 구역**에서는 거북이처럼 느릿느릿 달렸지요.

드디어 바다에 도착했어요. 무무는 붕붕이가 멈추자마자 자동차 문을 열고 뛰쳐나가려고 했어요.

"앗, 문이 안 열려!"

그때 오토바이가 쌩하고 붕붕이 옆을 지나갔어요.

"차에서 내릴 때는 뒤쪽에서 오는 차나 오토바이가 없는지 잘
살펴야 함!"

붕붕이 덕분에 무무는 사고를 면한 거예요. 그때 우당탕 씨의
휴대폰이 울렸어요. 옆집 떠들썩 씨 가족이 교통사고가 나서
병원에 입원했다는 소식이었어요.

우당탕 씨는 안전하게 바다까지 오게 해 줘서 고맙다고 말하며
붕붕이를 쓰다듬었지요.

"와, 해다!"

무무와 소소가 소리쳤어요. 우당탕 씨 가족은 수평선을 붉게
물들이며 얼굴을 내미는 해를 보며 소원을 빌었어요. 그리고
무사히 해맞이 여행을 오게 된 걸 감사해했어요.

자동차 안에서 지켜야 할 **안전 규칙**

1 뒷자리에 타기

⚠️ 운전석 옆은 가장 위험한 자리예요. 사고로 에어백이 터져도 어린이 몸에 맞게 만들어진 게 아니라서 어린이는 반드시 뒷자리에 타야 해요.

2 안전벨트 매기

딸깍

⚠️ 안전벨트는 사고가 났을 때 자동차 밖으로 튕겨 나가지 않도록 몸을 보호해 줘요. 끈이 꼬이거나 느슨하지 않도록 안전벨트를 바르게 매요.

3 버튼이나 기기 만지지 않기

⚠️ 운전석에 있는 버튼이나 기기를 함부로 만지지 않아요. 버튼이나 기기를 잘못 누르면 사고가 날 수도 있어요.

4 장난치지 않기

왁자지껄

⚠️ 차 안에서 시끄럽게 떠들거나 장난치지 않아요. 운전자가 운전에 집중할 수 없어서 위험해요.

5 손이나 얼굴 내밀지 않기

창밖으로 손이나 얼굴을 내밀지 않아요. 지나가는 차나 물건에 부딪힐 수 있거든요. 창밖으로 물건이나 쓰레기 등을 던져서도 안 돼요.

6 잘 살핀 뒤에 내리기

으악!

자동차에서 내릴 때에는 뒤쪽에서 달려오는 자동차나 오토바이에 부딪히지 않도록 주변을 잘 살핀 뒤 내려야 해요.

어린이 안전퀴즈!

❶ 다음 중 자동차 안에서 올바른 행동을 한 어린이는 누구인가요?

① 진구 : 나는 답답해서 안전벨트를 안 매!
② 유나 : 나는 앞좌석에 앉는 게 좋아!
③ 민우 : 나는 자동차 안에서는 시끄럽게 떠들지 않아.
④ 지연 : 나는 운전석에 앉아 운전하는 흉내를 내 본 적이 있어.

❷ 왜 사고가 났을까요?
상상하여 말해 보세요.

정답 ❶ ③ ❷ 과속해서, 신호를 지키지 않아서 등

어린이 보호 구역

어린이가 많이 다니는 길
이에요.

횡단보도

횡단보도가 있어요. 좌우
를 살피고 길을 건너요.

보행자 전용 도로

걸어 다니는 사람들만 다
니는 길이에요.

자전거횡단도

자전거로 길을 건널 수
있는 곳이에요.

자전거 전용 도로

자전거만 다닐 수 있는
길이에요.

자동차 전용 도로

자동차만 다닐 수 있는
길이에요.

자전거 및 보행자 전용 도로

자전거와 사람들만 다닐
수 있는 길이에요.

보행자 보행 금지

사람이 걸어 다닐 수 없
는 길이에요.

보행자 횡단 금지

사람들이 길을 건너면 안
되는 곳이에요.

천천히	**정지**	**진입 금지**

자동차가 천천히 운전해야 하는 곳이에요.	자동차가 일단 멈추어야 하는 곳이에요.	자동차는 들어올 수 없는 곳이에요.
통행 금지	**철길 건널목**	**도로 공사중**

사람, 자동차 모두 지나갈 수 없는 길이에요.	기차가 다니는 길이에요. 좌우를 잘 살피고 건너요.	도로 공사중이라 길이 복잡해요.
터널	**비행기**	**위험**

터널이 있는 곳이에요. 깜깜하니까 조심해요.	비행기가 이착륙하는 곳이 가까이 있어요.	길이 험하고 고르지 못해 위험해요.

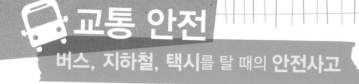
희망이의 하루

내 이름은 희망이야.

나는 앞을 못 보는 아저씨와 함께 살고 있어.

오늘은 아저씨가 특별한 외출을 하려나 봐. 동시를 아이들 앞에서 낭독하러 간대. 나는 아저씨를 낭독 장소인 복지 회관 대강당까지 안전하게 안내해 줘야 해.

복지 회관에 가는 길은 생각보다 복잡해. 버스를 타고 가다가 지하철로 갈아타야 하거든. 나는 아저씨를 버스 정류장으로 안내했지.

드디어 우리가 탈 버스가 도착했어.

앗, 버스를 보자마자 사람들이 우르르 찻길로 내려가지 뭐야.

나는 아저씨의 안전을 위해 사람들이 모두 타길 기다렸지.

"컹컹!"

내가 짖자 그제야 아저씨는 나를 따라 버스에 올랐어.

나는 아저씨가 앉은 자리 옆에 몸을 구부리고 얌전히 앉아

있었어. 그런데 힐끔 주위를 둘러보니, 재잘재잘 시끄럽게 떠드는

아이도 있고, 손잡이로 장난을 치는 아이도 있더라고. 심지어

창밖으로 손과 머리를 내미는 아이도 있었다니까.

세 정거장을 지나 이제 버스에서 내릴 때가 됐어. 나는 버스와

인도 사이로 지나가는 오토바이나 차가 없는지 확인한 뒤 아저씨를

내리게 했어.

이제 지하철로 갈아타야 해. 우리는 지하로 내려가려고

에스컬레이터를 탔어. 아저씨는 노란 안전선 안쪽에 서서

손잡이를 꼭 잡았지. 갑자기 에스컬레이터가 멈추기라도 하면

넘어져서 크게 다칠 수도 있거든. 그래서 에스컬레이터에서는

반대로 뛰어 올라가거나 내려가는 장난을 치면 안 돼.

드디어 지하철 타는 곳에 도착했어.

"띠링띠링, 대화행 열차가 들어오고 있습니다."

나는 아저씨와 함께 **안전선 안쪽**에 서서 잠자코 기다렸어.

그리고 지하철에서 사람들이 모두 내릴 때까지 기다린 뒤,

지하철 안으로 들어섰지.

"아얏!"

지하철 문이 닫히는 순간이었는데 할머니 한 분이 급하게 타려다

문에 손이 끼일 뻔했어. 문이 닫히려고 할 때 급히 타면 안 돼.

옷이나 몸이 끼어서 사고를 당할 수 있거든. 또 지하철 문이 갑자기

열릴 수도 있으니 **문에 기대서도 안 되고** 말이야.

몇 정거장 지났을까?

"삐이삐이, 화재 발생, 화재 발생! 승객들은 모두 열차 밖으로

대피해 주시기 바랍니다!"

갑자기 대피 방송이 울려 퍼지는 거야. 출입문이 열리지 않자

한 아저씨가 의자 밑에 있는 **레버를 돌려서** 손으로 문을 열었어.

사람들은 연기를 들이마시지 않으려고 손수건이나 손으로 코와

입을 막고 자세를 낮춘 뒤
비상 유도등을 따라 대피했지.
나도 아저씨를 이끌고 무사히
지하철을 빠져나왔어. 후유,
맹인안내견 생활 최대 위기의
순간이었지.

"이런, 자칫하면 낭독회에 늦겠는데? 희망아, 택시를 타자."
우리는 택시 뒷좌석에 앉아서 안전벨트를 꼭 맸어.
드디어 복지 회관에 도착!
아저씨는 초롱초롱한 눈망울로 바라보는 아이들에게 동시를
낭독해 주었단다.
"우리 집 희망이는 특별한 친구. 나의 눈이 되어 주고, 나의 귀가
되어 주고, 나의 손이 되어 주네. 어떨 땐
나보다도 더 내 마음을 잘 아는 희망이.
고마운 나의 친구야."
나는 무척 감동받았어.
앞으로도 나는 아저씨의 소중한
눈과 귀가 되어 줄 거야!

1 버스를 타고 내릴 때

질서를 지켜 타고 내려요. 탈 때는 차도로 미리 내려서지 말고, 내릴 때는 지나가는 자전거나 오토바이가 없는지 잘 살펴요.

2 서서 갈 때

버스나 지하철에서 서서 갈 때는 손잡이를 꼭 잡아요. 버스나 지하철이 갑자기 멈춰 서면 넘어질 수도 있거든요.

3 안전벨트 매기

고속버스나 시외버스를 타고 갈 때는 안전벨트를 꼭 매요. 안전벨트를 매야 사고가 났을 때 몸을 보호할 수 있어요.

4 창밖으로 손 내밀지 않기

버스 안에서 창밖으로 얼굴이나 손을 내밀지 않아요. 지나가는 큰 차에 부딪혀서 다칠 수 있어요. 쓰레기도 창밖으로 던지지 않아요.

5   장난치지 않기

붕붕

버스 안에서 장난치거나 뛰어다니지 않아요. 갑자기 버스가 멈추면 크게 다칠 수도 있어요.

6   떠들지 않기

재잘 재잘

버스 안에서 시끄럽게 떠들지 않아요. 운전하는 데 방해가 되기 때문이에요.

7   안전선 넘지 않기

노란선 안전선 밖으로 나가지 않아요. 지하철이 도착해도 스크린 도어가 열릴 때까지 안전선 안쪽에서 기다려요.

8   문에 기대지 않기

지하철 문이 갑자기 열리면 다칠 수도 있으므로 출입문에 기대어 서지 않아요.

9 택시 안에서

⚠ 안전벨트를 꼭 매고, 창문 밖으로 손이나 얼굴을 내미는 등의 위험한 행동을 하지 않아요.

10 기기 만지지 않기

만지면 안 돼!

⚠ 택시 앞좌석에 앉지 않아요. 택시 안의 기기를 만지거나 장난치지 않아요. 운전에 방해가 되거든요.

11 운전자 정보 알기

택시운전자격증명
소속 서울개인택시
성명 홍길동
면허번호 92-01-0000
사업번호 32자 0000

2010년 2월 1일
서울특별시 개인택시 운수사업 조합 이사장

⚠ 만일의 경우를 대비하여 차량 번호, 택시 회사, 기사 아저씨 이름이나 연락처 등을 알아 두어요.

12 택시에서 내릴 때

⚠ 택시에서 문을 열고 내리기 전에 오토바이나 자전거가 지나가는지 잘 확인하고 내려요.

13 에스컬레이터 손잡이 잡기

⚠️ 에스컬레이터를 탈 때에는 손잡이를 꼭 잡고 타요. 그래야 에스컬레이터가 갑자기 멈춰도 다치지 않아요.

14 거꾸로 안 가기

이거 내려가는 건데……

⚠️ 내려가는 에스컬레이터를 거꾸로 올라가거나, 올라가는 에스컬레이터를 거꾸로 내려가지 않아요.

15 신발 끈 주의하기

⚠️ 노란 안전선 안쪽에 안전하게 서서 가요. 옷자락이나 신발 끈 등이 풀려서 틈새에 끼지 않도록 주의해요.

16 슬리퍼 주의하기

⚠️ 얇고 부드러운 고무 재질의 신발은 에스컬레이터에 끼일 수 있으니 더욱 주의해요.

17 물건을 떨어뜨렸을 때

손가락이 틈새에 끼일 수 있으니 어른에게 주워 달라고 부탁해요.

18 두 줄 서기 실천하기

두 줄 서기를 실천하고, 앞사람을 밀지 않아요.

어린이 안전퀴즈!

❶ 다음 중 안전하게 행동한 어린이는 누구일까요?

① 에스컬레이터에서 떨어진 물건을 주우려는 어린이
② 택시 뒷자리에서 안전벨트를 매고 있는 어린이
③ 지하철에서 출입문에 기대고 있는 어린이
④ 창밖으로 머리를 내밀고 있는 어린이

❷ 다음 중 지하철에서 화재가 났을 때의 대피 요령이 아닌 것은?

① 비상벨을 눌러 승무원에게 연락해요.
② 문이 열리지 않으면 손으로 문을 열고 탈출해요.
③ 손수건으로 코와 입을 막고 낮은 자세로 탈출해요.
④ 정전이 되어 깜깜할 때는 벽 쪽으로 가지 않아요.

정답 ❶ ② ❷ ④

1 소화기를 사용해요

비상벨을 눌러서 승무원에게 알리고, 불길이 약할 때에는 소화기로 불을 꺼요.

2 손으로 문을 열어요

문이 열리지 않을 때에는 출입문 옆이나 의자 밑에 있는 레버를 돌려 손으로 문을 열어요. 그래도 문이 열리지 않으면 비상용 망치로 유리창을 깨요.

3 연기를 들이마시지 않아요

유독 가스가 섞여 있어서 연기를 들이마시면 안 돼요. 물에 적신 수건이나 손으로 코와 입을 막고 자세를 낮춰요.

4 비상 유도등을 따라가요

깜깜할 때는 바닥의 비상 유도등을 따라서 출구로 나가요. 유도등이 보이지 않는다면 벽을 짚으면서 나가요.

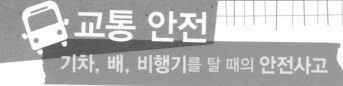
심심해 공주의 가출

"심심해! 너무 심심해!"

심심해 공주는 매일 성안에서만 지내는 것이 답답했어요.

'그래, 가출해서 평범한 사람들처럼 마음껏 여행을 다녀 볼 거야!'

공주는 성에서 나가 **기차, 배, 비행기**를 타고 여행하기로

했어요.

심심해 공주는 유모와 함께 몰래 성을 빠져나와 기차역으로

갔지요.

"곧 열차가 들어옵니다. 승객 여러분은 **노란 안전선 안쪽**에서

기다리시기 바랍니다. 내리는 승객이 모두 내린 뒤에 질서 있게

줄을 서서 차례로 타시기 바랍니다."

심심해 공주는 설레는 마음을 가득 안고,
선로에 발이 빠지지 않도록 조심히 기차에
올라탔지요.

"우아, 기차가 달린다!"

한참 기차 여행을 즐기고 있는데, 갑자기
기차가 우뚝 멈춰 서더니, 대피 방송이
울려 퍼졌어요.

"열차에 화재가 발생했습니다. 승객
여러분은 승무원의 지시에 따라 긴급히
대피해 주시기
바랍니다!"

저를 따라
오세요!

어쩔 줄 몰라 하는 심심해 공주에게 한 청년이 다가와 말했어요.

"여기 물에 적신 손수건이 있으니 이걸로 코와 입을 막으세요. 그리고 허리를 숙여 몸을 낮추고 저를 따라오세요."

심심해 공주와 유모는 무사히 기차 밖으로 빠져나왔어요. 청년에게 고맙다고 말하고 싶었지만, 어느새 청년은 사라지고 없었지요.

심심해 공주와 유모는 그 길로 배를 타려고 선착장으로 갔어요.

"차례를 지키며 조심히 배에 오르세요. 갑판에서는 물에 빠질 수 있으니 위험한 행동을 하지 마시고, 비상시를 위해 구명조끼와 비상구가 있는 곳은 미리 알아 두세요!"

선원들의 말을 귀담아들으며 심심해 공주는 배에 올랐어요.

'부웅' 하는 뱃고동 소리와 함께 드디어 배가 출발했어요.

심심해 공주는 유모와 함께 갑판에 나와서 시원한 바닷바람을 쐬고 갈매기에게 먹이도 던져 주었지요.

그런데 갑자기 배가 멈추더니 기우뚱 옆으로 기울어지지 뭐예요.

"배가 암초에 걸렸습니다. 승객 여러분은 구명조끼를 입고 갑판 위로 대피해 주세요."

당황해하는 심심해 공주에게 아까 본 청년이 나타나 재빨리 구명조끼를 가져다주었어요. 심심해 공주는 두려워서 부들부들

떨었답니다.

"자, 저를 따라 해 보세요. 한 손으로 코와 입을 막고 다른
손으로 어깨를 잡고 팔을 몸에 꼭 붙이고, 머리는 숙이세요. 발부터
꼿꼿하게 뛰어내리는 겁니다. 배로부터 가능한 멀리 떨어지도록
뛰어내리세요. 어서요!"

심심해 공주는 청년의 도움을 받아 물에 뛰어들었어요. 유모도
심심해 공주를 따라 물에 뛰어들었지요. 공주, 유모, 청년은
구명 보트를 타고 육지까지 무사히 대피할 수 있었답니다.

심심해 공주는 청년에게 고맙다고 말하고 싶었지만 청년은
보트에서 내리자마자 또 어디론가 사라지고 없었어요.

"공주님, 이제 그만 돌아가요. 바깥세상은 너무 위험해요."

그러나 심심해 공주는 꼭 비행기를 타고 싶다고 고집을
부렸어요. 할 수 없이 유모는 심심해 공주를 데리고 비행기를 타기
위해 공항으로 갔어요.

"와, 비행기 좀 봐! 거대한 새 같아."

심심해 공주는 감탄하며 황홀한 표정을 지었어요.

"승객 여러분은 모두 안전벨트를 매 주세요. 비행기가 뜨고
내릴 때는 위험하니 의자 등받이나 테이블을 제 위치로 해 주세요.
자리마다 산소마스크가 준비되어 있으니 비상시에 이용하세요."

승무원의 친절한 설명을 귀담아듣고, 심심해 공주는 창가 자리에 앉아 안전벨트를 맸어요. 곧 비행기가 활주로를 달려 '부웅' 하고 하늘로 날아올랐어요.

"와, 신 난다! 비행기가 날고 있어!"

비행기 창밖으로 구름이 보였어요. 심심해 공주는 자기가 날고 있다는 게 꿈만 같았어요.

그런데 이게 웬일일까요? 한참을 날아가던 비행기가 마구 흔들리기 시작했어요.

"비행기 엔진에 문제가 생겼습니다. 비상착륙할 예정이오니 승객 여러분은 승무원의 지시를 따라 주시기 바랍니다."

비행기는 심하게 흔들리며 겨우 착륙했고, 심심해 공주는 유모와

무서워요. 공주님!

차례를 지켜서 내려가세요.

함께 비행기 비상구를 통해 미끄럼틀을 타고 땅으로
내려왔지요.

"비행기가 폭발할 위험이 있으니 최대한 비행기로부터 멀리
떨어지세요."

승무원이 큰 소리로 외쳤지만, 심심해 공주는 너무 겁을 먹은
나머지 다리에 힘이 풀려 그 자리에 주저앉고 말았어요. 그때
누군가가 심심해 공주의 손을 잡고 달리기 시작했어요.

"위험해요! 얼른 뛰어요!"

그제야 유모도

두 사람의 뒤를 따라 뛰기

시작했지요.

비행기로 부터 멀리 떨어졌을 때

"쾅!" 하는 요란한 소리와 함께 비행기가

폭발했어요.

정신을 차리고 보니, 심심해 공주의 손을 잡고 달린 사람은

바로 기차와 배에서 심심해 공주를 도와주었던 청년이었어요.

"다, 당신은? 저… 믿으실지 모르지만 저는 심심해 공주예요.

저를 세 번이나 구해 준 당신은 누구신가요?"

심심해 공주의 볼이 발그레해졌어요. 청년도 발그레해진 얼굴로

말했어요.

"저도… 믿으실지 모르지만 이웃 나라의 신나 왕자입니다. 여행을

너무 좋아하다 보니 여기까지 오게 되었네요."

그 후로 어떻게 됐는지는 짐작이 가지 않나요? 심심해 공주와

신나 왕자는 서로에게 반해 결혼을 했답니다. 소문에 의하면

두 사람은 '움직이는 성'을 만들어서 성을 타고 세계 여행을 다니고

있다고 해요.

1 안전선 넘지 않기

아슬아슬

기차를 기다릴 때 심한 장난을 치거나 뛰어다니면 위험해요. 그리고 노란 안전선 안쪽에서 기차를 기다려요.

2 선로에 물건을 떨어뜨렸을 때

기차 선로에 물건을 떨어뜨렸을 때에는 주우려고 하지 말고 역무원에게 도와 달라고 해요.

3 선로에 떨어졌을 때

도와주세요!

기차 선로에 떨어졌을 때에는 승강장 벽 쪽 공간에 바짝 엎드린 뒤, 큰 소리로 도움을 요청해요.

4 기차에 올라탈 때

앗!

열차와 승강장 사이의 빈틈에 발이 빠지지 않도록 조심해요. 승객이 모두 내린 뒤 차례를 지켜 올라타요.

5 기차에 화재가 났을 때

물에 적신 손수건으로 코와 입을 막은 뒤, 최대한 몸을 숙이고 기찻길이 없는 쪽으로 내려서 대피해요.

6 기차가 옆으로 쓰러질 때

사고로 기차가 쓰러지는 상황에서는 좌석에 앉아 허리를 숙이고 떨어지는 물건에 맞지 않게 몸을 보호해요.

7 기차 문이 안 열릴 때

사고로 문이 열리지 않을 때에는 기차 안에 있는 비상 망치나 소화기로 문이나 창문을 깨고 탈출해야 해요.

8 배 갑판에서

갑판에서는 바닷물에 빠지지 않도록 조심해야 해요. 뛰어다니거나, 친구를 밀거나, 난간에 올라가지 않아요.

9 대피로 위치 알아 두기

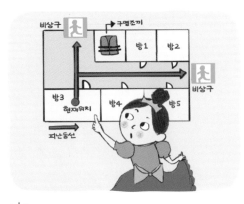

🚨 배에 탄 뒤에는 만일을 대비하여 구명조끼가 어디에 있는지, 사고가 나면 어디로 대피해야 하는지 미리 알아 두어요.

10 갑판 위로 나가기

🚨 사고가 나면 구명조끼를 들고 재빨리 갑판 위로 나가요. 구명조끼를 입은 뒤 차례를 지켜 물에 뛰어들 준비를 해요.

11 배에서 뛰어내리기

🚨 다리를 쭉 펴서 모으고, 한 손으로는 입과 코를 막고 다른 한 손으로는 어깨를 감싼 뒤 멀리 뛰어내려요. 그런 다음 파도 반대 방향을 바라봐요.

12 배 문이 안 열릴 때

🚨 사고가 나면 바닷속으로 배가 가라앉을 수 있어서 바로 대피해야 해요. 문이 열리지 않으면, 비상 망치로 유리창을 깨고 탈출해요.

13 저체온증 조심하기

나처럼 해봐!

옷을 벗지 말고, 다리를 꼬고 앉은 자세로 팔을 옆구리에 붙이세요. 물에 떠 있는 물건 위로 올라타는 것도 저체온증을 막는 방법 중 하나예요.

14 바닷물 마시지 않기

바닷물에는 소금이 녹아 있어서 오히려 더 심한 갈증을 느끼게 해요. 증상이 심해지면 탈수증에 빠져 정신을 잃을 수도 있어요.

15 안전벨트 매기

비행기 안에서 안전벨트를 매고 창문의 가리개는 열어 놓아요. 사고가 났을 때 바깥 상황을 알 수 있어요. 승무원의 안내 방송도 주의해서 들어요.

16 위험한 물건들

손톱깎이
드라이버
송곳
라이터
가위
칼

라이터와 같이 화재의 위험이 있거나 손톱깎이, 가위, 칼, 드라이버나 송곳과 같이 날카로운 물건을 가지고 타지 않아요.

17 비상구 위치 알기

비행기에 타면 비상구의 위치를 미리 알아 두어요. 비상시에 보다 빨리 대피할 수 있어요.

18 테이블, 의자 정리하기

비행기가 뜨고 내릴 때에는 테이블도 원래대로 접어 두고, 의자도 똑바로 해 두어야 안전해요.

19 비행기가 추락할 때

비행기가 추락할 때에는 안전벨트를 맨 채 몸을 무릎 쪽으로 확 숙이고 두 손으로 머리를 감싸는 자세를 취해요. 그러면 살 가능성이 커져요.

20 대피 시 짐 챙기지 않기

사고가 났을 때에는 대피가 늦어지지 않도록 짐을 챙기지 말고 대피해요. 최대한 몸을 숙이고 비상 탈출 유도등을 따라 비상구로 탈출해요.

21 차례를 지켜 대피하기

⚠️ 비상구를 통해 미끄럼틀을 타고 대피
할 때는 승무원의 지시에 따라 차례
를 지켜 대피해요.

22 비행기에서 멀리 떨어지기

⚠️ 대피한 뒤에는 가능한 한 빨리 바람
의 반대 방향으로 멀리 떨어져요. 비
행기가 폭발할 수도 있거든요.

어린이 안전퀴즈!

❶ 다음 중 올바른 안전 규칙을 지킨 어린이는 누구인가요?

① 기차를 기다릴 때 노란 안전선 바깥에서 장난치는 어린이
② 기차에서 먼저 타려고 새치기를 하며 앞사람을 미는 어린이
③ 비행기에서 안전벨트를 매고 의자를 바로 세우고 있는 어린이
④ 배의 갑판에서 난간에 올라가 바다를 구경하는 어린이

❷ 다음 중 사고가 났을 때 안전 규칙으로 알맞은 것은 ○, 틀린 것은
×표를 하세요.

① 비행기 사고가 났을 때는 짐을 챙기려 하지 않아요. (　　)
② 대피한 뒤에는 비행기로부터 멀리 떨어져야 해요. (　　)
③ 기차 사고가 난 뒤 문이 안 열릴 때에는 승무원이 열어 줄 때까지
기다려요. (　　)
④ 바다에 빠졌을 때 바닷물을 마시지 않아요. (　　)

정답 ❶ ③ ❷ ①-○ ②-○ ③-× ④-○

103

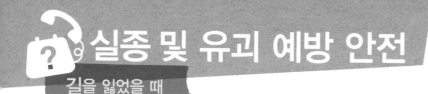

엄마를 잃어버린 날

엄마랑 놀이공원에 왔어. 나는 가장 먼저 뱅글뱅글 회전목마를

타고, 관람차와 범퍼카, 디스코 팡팡, 비룡열차까지 신 나게 탔어.

잠깐 쉬려고 했는데 경쾌한 음악이 울려 퍼지더니 퍼레이드가

시작됐어. 나는 앞에서 보려고 구경하는 사람들 사이로

 비집고 들어갔어.

　　그런데, 퍼레이드가 끝나고 주위를 둘러보니

엄마가 없는 거야.

"어, 엄마!"

　　갑자기 놀이공원이 귀신의 집처럼 무섭게

느껴졌어. 그때였어.

"애, 혹시 우리 아기 못 봤니?"

엄마 타조가 헐레벌떡 뛰어오며 말했어.

"아뇨. 못 봤어요."

"큰일 났네. **그 자리에서** 기다려야 서로 길이 엇갈리지 않는데!"

엄마 타조는 이 말만 남기고 다시 아기 타조를 찾으러 떠났어.

나는 엄마 타조의 말처럼 그 자리에서 엄마를 기다리기로 했어.

조금 있으려니 엄마 오소리가 다급하게 뛰어왔어.

"애, 혹시 우리 아기 못 봤니?"

"못 봤는데요."

"이런, **낯선 사람을** 따라가서는 안 되는데."

엄마 오소리도 아기 오소리를 찾으러 떠났지.

잠시 뒤, 한 아줌마가 다가왔어.

"너 엄마를 잃어버렸구나? 내가 엄마를 찾아 줄게."

"괜찮아요. **여기서 엄마를 기다릴 거예요.**"

아줌마가 가고 나자 이번에는 어떤 아저씨가 와서 말했어.

"엄마가 널 데려오라고 했단다. 아저씨랑 같이 가자."

가만, 엄마가 내가 모르는 아저씨를 보낼 리가 없잖아.

"엄마와 통화하게 해 주세요."

아저씨는 헛기침을 하면서 그냥 돌아갔어.

계속 엄마를 기다리고 있는데 이번엔 엄마 앵무새가 날아왔어.

"얘, 혹시 우리 아기 앵무새 못 봤니?"

"못 봤어요."

"안내 데스크나 직원을 찾아가면 좋은데. 아유, 급하다 급해!"

그 말을 듣고 나는 아이스크림을 파는 언니에게 가서 말했어.

엄마를 잃어버렸으니 도와 달라고.

"안내 데스크에 데려다줄게. 곧 엄마를 만날 수 있을 거야."

언니는 나를 안심시키고는 안내 데스크에 데려다주었어.

"김은지 어린이의 보호자를 찾습니다."

안내 방송이 나가자, 얼마 뒤 엄마가 허겁지겁 달려오셨어.

"엄마!"

나는 한달음에 달려가 엄마 품에 안겼어.

나는 다시는 엄마를 잃어버리지 않으려고

엄마 손을 꼭 잡고 나왔지.

다행인 건 아기 타조와

아기 오소리와 아기 앵무새도

엄마를 찾았다는 거야.

정말 다행이야.

1 그 자리에서 기다리기

길을 잃었을 때에는 그 자리에서 기다려야 해요. 부모님을 찾겠다고 헤매고 다니다가는 자칫 부모님과 길이 엇갈릴 수도 있어요.

2 부모님 연락처 외우기

031-812-2552
고양시 일산서구
중앙로 1560호.

길을 잃었을 때를 대비하여 평소에 부모님의 휴대 전화나 집 전화번호, 주소 등은 외우고 있는 것이 좋답니다.

3 직원에게 도움 요청하기

엄마에게
전화 걸어 주세요.

도움을 요청할 때에는 지나가는 어른한테 하지 말고, 가능한 한 그곳에서 일하는 직원을 찾는 게 좋아요.

4 미아 보호소 찾아가기

미아 보호소

엄마가 찾아
오실 거야.

미아 보호소나 안내 데스크가 있다면, 그곳에 찾아가서 도움을 요청하세요.

5 낯선 사람 따라가지 않기

> 엄마한테 데려다줄게!

누군가 부모님을 찾아 준다고 해도 따라가지 않아요. 얼굴을 아는 사람 이라도 부모님에게 전화를 걸어 달라고 해서 따라가도 되는지 확인해요.

6 소리 지르기

> 도와주세요!

낯선 사람이 막 끌고 가려고 하면 큰 소리로 "도와주세요!", "살려 주세요!", "불이야!"라고 외치세요. 주변의 어른들이 도와줄 거예요.

어린이 안전퀴즈!

❶ 길을 잃었을 때 옳은 행동이 아닌 것은?

① 그 자리에서 기다려요.
② 안내 데스크를 찾아가요.
③ 얼굴을 아는 사람을 만나면 따라가요.
④ 누군가 억지로 데려가려고 하면 큰 소리로 도와 달라고 외쳐요.

❷ 부모님 휴대 전화 번호를 써 보세요.

정답 ❶ ③ ❷ 가족 부모님 전화번호 적기

반대로 토끼 유괴 사건

숲에 사는 반대로 토끼는 뭐든지 반대로 해요. 오른쪽으로 가라고 하면 왼쪽으로 가고, 뛰지 말라고 하면 뛰고, 조용히 하라고 하면 시끄럽게 떠들지요.

그러던 어느 날, 늑대들이 아기 토끼들을 **납치한다는** 소문이 돌았어요.

'반대로 토끼는 분명히 내 말에 반대로 행동할 거야. 그러니까 반대로 알려 줘야겠어.'

엄마는 반대로 토끼에게 단단히 일렀어요.

"아가야, 처음 보는 누군가가 같이 가자고 하면 졸졸 따라가렴."

"어른이 도와 달라고 하면 무조건 도와주렴!"

"으슥한 공원이나 건물 뒤, 공중화장실처럼 동물들이 잘 다니지 않는 곳에는 혼자 가도 좋아."

"낯선 어른의 차에 덥석 타도 돼."

"누군가 강제로 데려가려고 하면 '싫어요.', '안 돼요.', '도와주세요.' 하고 소리치지 마."

역시나 반대로 토끼는 엄마의 말에 반대로 행동했어요. 으슥한 공원, 건물 뒤, 공중화장실 가까이에는 가지도 않았지요.

그런데 예상치 못하게 놀이터에서 늑대와 딱 마주쳤지 뭐예요.

"얘야, 아주 예쁘게 생겼구나. 사탕 사 줄 테니 나를 따라오렴!"

"싫어요. 사탕 같은 건 개미들한테나 주세요. 엄마가 처음 보는 누군가를 따라가도 된다고 했으니까 전 절대 안 갈 거예요."

"아가야! 내가 다리를 다쳐서 그러는데, 나를 우리 집까지 데려다주지 않을래?"

어른에게 부탁하세요!

"다른 어른에게 부탁하세요. 엄마가 무조건 도와주라고 했지만 전 도와주지 않을 거예요."

늑대는 슬슬 화가 나기

시작했어요.

"방금 너희 엄마가 다쳤다고 연락이 왔어. 나랑 같이 얼른 병원에 가야 해."

"흥, 싫어요. 엄마가 낯선 어른의 차에는 덥석 타라고 했으니 안 탈 거예요. 엄마한테 다 나으면 집에서 보자고 전해 주세요."

화가 난 늑대는 더 이상 참을 수 없어서 우악스럽게 반대로 토끼의 두 귀를 잡아서 차에 태웠어요.

'엄마 말을 안 들어서 나를 잡아가나 봐. 이제 엄마 말대로 할 거야. 엄마가

도와 달라고 소리치지 말라고 했지? 조용히 있어야겠어.'

늦대는 재빨리 반대로 토끼를 태우고 자신의 집으로 끌고
갔어요. 반대로 토끼는 무서워서 눈물이 와락 쏟아졌지요.

그때였어요. 반대로 토끼를 따라 늦대의 차에 탄 나비가
조그맣게 속삭였어요.

"**큰 소리로 울면 안 돼.** 어른들이 찾으러 올 때까지 얌전히
있으면서, 도망 갈 기회를 찾아야 해."

반대로 토끼는 나비가 하는 말대로 행동했어요. 겁에 질린 나머지
반대로 행동할 생각조차 못 했거든요.

"눈을 쳐다봐서도 안 돼. 얼굴을 기억하냐고 물어보면 모르겠다고
대답해."

나비는 반대로 토끼에게 단단히 주의할 점을 일러 주고는 반대로
토끼의 단추를 입에 물고 팔랑팔랑 늦대의 집을 빠져나갔어요.

한편 밤이 되어도 반대로 토끼가 돌아오지 않자, 엄마와 아빠는

돈을 두둑이 받아 내야지!

사슴 경찰 아저씨와 함께 숲을 돌아다니며 반대로 토끼를 찾아다녔어요.

나비는 반대로 토끼의 엄마, 아빠에게 다가가 단추를 보여 주었지요. 엄마, 아빠는 단추를 한눈에 알아보고는 사슴 경찰 아저씨와 마을 사람들과 함께 늑대의 집으로 쳐들어갔어요.

반대로 토끼를 구한 사슴 경찰 아저씨는 **늑대의 손에 수갑을 채우고** 경찰서로 끌고 갔답니다.

반대로 토끼는 울먹이며 다짐했어요.

"앞으로는 엄마 말 잘 들을게요. 으슥한 곳에서 놀고, 도움이 필요한 동물은 무조건 도와주고, 낯선 동물이 따라오라고 하면 얌전히 따라갈 거예요."

반대로 토끼의 말에 엄마는 한숨을 푹 내쉬었지요.

"어휴, 그게 아니란다. 엄마는 네가 반대로만 행동하니까 반대로 가르쳐 준 거야. 으슥한 곳에서는 놀면 안 돼. 처음 보는 동물은

따라가서도 절대 안 되고 말이야. 만약 오늘처럼 누군가 끌고

갈 때에는 도와 달라고 큰 소리로 외쳐야 한단다!”

"엉? 엄마 말을 안 들어서 잡아가는 줄 알고, 그때는 엄마 말대로

소리치지 않았어요! 흑흑.”

엄마는 반대로 토끼를 꼭 껴안아 주면서 말했어요.

"이제 엄마 말에 반대로 행동하지 않을 거지?”

반대로 토끼는 세차게 고개를 끄덕였답니다.

과연 반대로 토끼는 다짐한 대로 엄마

말대로 행동하는 올바로 토끼가 됐을까요?

그러기를 바라야죠, 뭐.

유괴는 크나큰 범죄야!
벌을 받아야해!

1 낯선 사람 따라가지 않기

먹을 걸 사 주거나, 갖고 싶은 물건을 준다고 해도 낯선 사람을 따라가면 안 돼요.

2 부탁 거절하기

좋은 사람은 아이에게 도움을 받지 않아요. 낯선 사람이 도와 달라고 하면 다른 어른에게 부탁하라고 해요.

3 혼자 다니지 않기

공중화장실, 공사 중인 건물, 으슥한 곳은 혼자 가지 않아요. 사람들이 많이 다니는 길로 다녀요.

4 아는 사람이라도 조심하기

얼굴을 아는 사람이라도 따라가면 안 돼요. 엄마한테 전화해서 따라가도 되는지 확인해 보겠다고 하세요.

5 큰 소리로 외치기

> 도와주세요!

낯선 사람이 억지로 데려가려고 할 때에는 큰 소리로 "싫어요.", "안 돼요.", "도와주세요." 하고 외쳐요.

6 낯선 사람 차에 타지 않기

> 어서 타!

낯선 사람이 부모님이 다쳤다고 급하게 차에 타라고 해도, 절대 타면 안 돼요.

7 도움 받을 장소 알아 두기

문방구, 약국, 편의점, 이웃집 등 위급할 때 뛰어가서 도움을 요청할 수 있는 곳을 미리 알아 두어요.

어린이 안전퀴즈!

❶ 다음 중 수상한 사람이 따라올 때 가면 안 되는 곳은 어디일까요?

① 경찰서
② 학교 앞 문방구
③ 집 앞 약국
④ 공중화장실

④ ❶ 답정

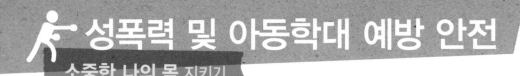

엄마, 궁금한 게 있어요

민우와 미나는 쌍둥이예요.

"에, 에취!"

토요일 오후, 민우와 미나는 텔레비전을 보고 있었어요. 그런데 민우가 갑자기 재채기를 하지 뭐예요.

"에이, 침 튀었잖아! 더러워."

미나가 얼굴을 닦으며 민우의 등을 찰싹 때렸어요.

"일부러 그런 것도 아니잖아!"

심술이 난 민우는 미나의 머리를 휙 잡아당기고 도망쳤지요.

화가 난 미나는 민우를 쫓아가서 바지를 잡아챘어요. 그러자 바지가 흘러내려서 **민우의 팬티와 엉덩이**가 보였답니다.

민우도 지지 않고 미나를 쫓아와서 치마를 들추었어요.

"너희들, 그만두지 못해?"

설거지를 하던 엄마가 나와서 큰 소리로 민우와 미나를
혼냈어요. 그제야 한바탕 소동이
마무리되었지요.

"이제 너희들에게도 **성교육이 필요할**
때인 것 같구나."

엄마는 아이들과 함께 탁자에 앉았어요.

"남자와 여자의 몸은 서로 다르게
자란단다. 그건 **호르몬** 때문인데, 여자에게는
여성 호르몬이, 남자에게는 남성 호르몬이
나오기 때문이야. 이렇게 다른 호르몬이 나오는 이유는
나중에 커서 아기를 갖기 위해서이지."

"그럼 나는 남자니까 나중에 크면 아빠처럼 털이 많이 나요?"

민우가 호기심 어린 표정으로 물었어요.

"그럼. **음경과 겨드랑이**에 털이 날 뿐 아니라 턱수염도
난단다. 넌 아빠를 닮아 다리에도 털이 많이 날지 몰라."

"그럼 전 엄마처럼 **가슴이 나와요?**"

미나가 물었어요.

"물론이지. 남자와 여자의 몸이
다르게 자라는 건 아기를 갖기 위해서라고
했지? 남자의 성기에는 아기 씨가 있고, 여자의
성기에는 아기집이 있기 때문에 잘 보호해야 해.
이처럼 성기를 보호하려고 속옷을 입는 거란다.
늘 깨끗한 속옷을 입고, 성기를 다른 사람에게 보여
주거나 만지게 해서는 안 돼. 아까처럼 바지를 내리거나
치마를 들추는 장난도 다시는 해서는 안 되고 말이야.
알겠니?"

엄마가 민우와 미나에게 단단히 일렀어요.

"네! 그런데 엄마, 한 가지 궁금한 게 있어요. 지난번에
삼촌이 왔을 때, 선물은 고마웠지만 뽀뽀하는 건 싫었거든요.
삼촌은 예뻐서 그러시는 건데, 싫다고 말해도 돼요?"

"그럼! 솔직하게 말하면 삼촌도 '우리 미나가 많이 컸
구나' 하실 거야.

　자기 몸에서 느껴지는 좋은 느낌과
싫은 느낌을 구분해서 말하는 것은 아주
중요하단다. 싫을 땐 싫다고 분명하게 말해야
해."

　"네! 잘 알았어요, 엄마. 앞으론 민우랑 장난도
안 치고, 싫은 느낌이 날 때는 분명하게 싫다고 말할게요."

　그때 민우가 옆에 있던 강아지를 안아 들었어요.
그러자 강아지는 몸을 비틀며 낑낑거렸지요.

　"엄마, 강아지도 성교육을 받았나
봐요. 내가 만지는 게 싫다는데
요?"

　엄마와 미나는 그 모습을
보고 깔깔깔 웃었답니다.

소중한 나의 몸을 지키는 **안전 규칙**

1 남자, 여자의 몸 차이 알기

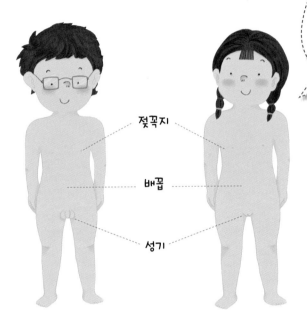

넌 남자, 난 여자.
우리는 서로 몸이
다르다는 걸 꼭 인정하고,
소중히 여겨야 해.

젖꼭지

배꼽

성기

남자와 여자는 그 자체로 매우 소중한 사람이에요. 태어날 때부터 남자와 여자의 몸은 달라요. 2차 성징이 나타나기 시작하면 그 변화는 더욱 두드러진답니다.

2 함부로 만지지 않기

아차, 함부로
만지면 안 되지!

우리 몸의 소중한 곳을 함부로 들추거나 만져서는 안 돼요. 또한 다른 사람에게 보여 주거나 만지게 해서도 안된답니다.

3 장난치지 않기

꺅!

치마를 올리거나, 바지를 내리거나, 엉덩이를 찌르는 등 수치심을 느끼게 하는 장난을 하지 않아요. 또 친구의 생김새에 대해 함부로 놀리지도 않아요.

4 좋은 느낌, 싫은 느낌 알기

🚨 부모님이 안아 주실 때는 기분이 참 좋아요. 하지만 잘 모르는 사람이 안거나 만지거나 뽀뽀할 때는 싫은 느낌이 들지요.

5 싫다고 말하기

싫어요. 만지지 마세요!

🚨 내 느낌을 분명하게 말하는 것은 중요해요. 버릇없어 보일까 봐, 또는 불이익을 당할까 봐 두려워서 싫은 느낌을 참는 것은 좋지 않아요.

어린이 안전퀴즈!

❶ 우리 몸 중에서 특히 다른 사람에게 보여 주거나 만지게 해서는 안 되는 곳은 어디인가요? 모두 골라 보세요.

① 가슴　② 성기　③ 다리　④ 엉덩이

❷ 싫은 느낌이 들 때는 뭐라고 말해야 할까요?

① "감사해요."
② "싫어요."
③ "미안해요."
④ "사랑해요."

정답 ❶ ①②③④ ❷ ②

123

미미의 비밀 일기장

흑흑

나는 미미의 비밀 일기장이에요.

미미는 내 안에 다른 사람들이

모르는 비밀들을 적는답니다.

미미가 나에게 온 건 짝꿍 은찬이를 좋아하면서부터예요.

은찬이의 생일 선물을 사려고 용돈을 모으고,

좋아하는 아이돌 가수에게 팬레터를

보낸 것도 나만 아는 비밀이지요.

그런데 바로 며칠 전, 미미가 놀랄

만한 비밀을 적기 시작했어요. 나에게

비밀을 털어놓은 뒤 **미미는 밥도 잘**

안 먹고, 조그만 일에도 깜짝깜짝 놀라거나 짜증을 냈어요. 나는 누군가가 빨리 미미의 비밀을 알게 되기를 바랐답니다.

그러던 어느 날, 미미의 엄마가 나를 찾아왔습니다.

미미가 어딘가 이상해졌다는 걸

제목: 담이네 집에 놀러갔던 날

담이네 집에 놀러 갔다. 중학생 오빠가 혼자 있었다. 오빠는 담이가 곧 올 거라고 들어와서 기다리라고 했다. 오빠가 게임을 가르쳐 준다며 컴퓨터를 이상한 걸 보여주고 내 팬티 속으로 손을 넣었다.

오빠가 다른 사람에게 말하면 가만두지 않겠다고 했다. 너무 무서웠다. 내 잘못 같았다. 엄마한테 혼날까봐 말하지 못했다.

느꼈던 걸까요? 미미의 엄마는 나를 끝까지 찬찬히 읽어 보았습니다.
그러고는 무척 놀란 표정을 지었지요.

미미가 학교에서 돌아오자 엄마는 미미에게 일기장을 보여 주며
말했습니다.

"미미야, 왜 진작 엄마한테 얘기하지 않았니?"

"혼날까 봐……. 그리고 오빠가 얘기하면 가만두지 않겠다고
해서 무서웠어요."

미미는 울음을 터뜨렸어요.

"네 잘못이 아니야. 너에게 나쁜 짓을 한 그 오빠가 잘못한
거야."

"정말 제 잘못이 아니에요, 엄마?"

"그럼."

엄마는 미미를 꼭 안아 주고는 등을 토닥여 주었어요.

"아무리 **무서워도 꼭 말해야 하는 비밀**이 있단다. 네가 말하지 않으면, 아무도 널 도와줄 수 없어. 또 네가 용기를 내어 말을 해야 그 오빠의 잘못된 행동을 막을 수 있단다."

미미의 엄마와 아빠는 미미를 데리고 담이네 집에 찾아가, 담이 부모님에게 사실대로 얘기했어요. 미미에게 나쁜 짓을 한 오빠는 크게 혼이 났고 미미에게 잘못했다고 사과했어요. 무섭게만 보였던 오빠가 어른들 앞에서 우는 모습을 보이자 미미는 더 이상 오빠가 무섭지 않았어요.

담이의 오빠는 **호기심에 음란물을 보다가** 미미한테 나쁜 짓을 하게 됐다고 고백했어요. 그리고 다시는 음란물 같은 나쁜 동영상을 보지 않기로 맹세했지요.

앞으로 미미는 나쁜 비밀은 감추지 않고, 좋은 비밀만 간직하기로 엄마와 약속했답니다.

잘못했어요. 흑흑.

1 내 몸의 소중함 깨닫기

내 몸이 소중하다는 사실을 알아요. 그리고 소중한 내 몸을 지키기 위해 노력해요.

2 친구 집에 혼자 가지 않기

혼자서 친구 집에 가지 않아요. 성폭력을 행하는 나쁜 사람들은 혼자 가는 아이에게 쉽게 접근하거든요.

3 큰 소리로 외치기

이상한 그림이나 동영상을 보여 줄 때, 벗은 몸을 보여 주거나 만지라고 할 때, "싫어요.", "안 돼요.", "도와주세요." 하고 큰 소리로 외쳐요.

4 아는 사람이라도 따라가지 않기

얼굴을 아는 사람이라고 해서 안심하면 안 돼요. 성폭력은 얼굴을 아는 사이에서 일어나는 경우가 더 많기 때문이에요.

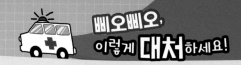

1 감추지 않아요

무서워도
부모님이나 선생님에게
꼭 이야기해요.

2 일기장에 기록해요

일기장

잊어버리지 않도록
일기장에
적어 두세요.

3 그림으로 표현해요

말하기 힘들 때에는
그림으로 표현해요.

4 전문 기관의 도움을 받아요

해바라기
아동센터

아동 성폭력 전담 센터인
해바라기 아동 센터에 연락해서
상담과 도움을 받아요.

어린이 안전퀴즈!

❶ 성추행이나 성폭력을 당했을 때 해서는 안 되는 행동은 무엇일까요?

① 혼자만의 비밀로 간직해요.
② 일기장에 자세히 기록해 두어요.
③ 어른들에게 이야기해요.
④ 해바라기 아동 센터에 연락해요.

정답 ❶ ①

개구리의 고민

"개구리야! 얼른 일어나렴. 학교 늦겠다."

개구리는 아까부터 깨어 있었지만 일어나지 않았어.
학교에 가는 게 싫었거든.

"엄마, 나 배 아파요."

엄마는 개구리의 배를 만져 보고 이마에 손도 대 보았어.

"엄마가 보기엔 괜찮은 것 같은데? 병원에 들렀다 학교 갈까?"

엄마는 개구리가 꾀병 부리는 걸 아시는 것 같았어. 개구리는
할 수 없이 일어나서 학교로 향했어.

개구리가 학교에 가기 싫은 건 두꺼비 때문이야. 얼마 전에
전학 온 두꺼비가 **자꾸만 괴롭혔거든.** 발을 걸어 넘어뜨리고,

개구리의 물건을 숨기거나 버리고, 계속해서 개구리를 놀리고 무시했지.

"개구리하고 노는 녀석은 가만두지 않을 거야!"

두꺼비가 엄포를 놓자 다른 친구들도 개구리를 모른 척했어. 개구리는 엄마와 아빠가 걱정하실까 봐 말도 못하고 끙끙 가슴앓이만 했지.

그러던 어느 날, 집으로 돌아가는 길이었어. 개구리는 황소개구리 형들이 두꺼비를 으슥한 골목으로 끌고 가는 걸 발견했어.

"야, 빨리 가진 거 다 내놔. 우아, 금시계가 멋진데!"

"안 돼요. 이건 부모님이 생일 선물로 주신 거예요."

저한테 왜 그러시는 거예요?

흑 흑

경찰서죠?

두꺼비가 저항하자 황소개구리 형들은 두꺼비를 마구 때렸어.

'흥, 쌤통이다! 너도 똑같이 당해 봐!'

개구리는 당하는 두꺼비의 모습이 고소해서 그냥 지나쳤어.

그런데 몇 걸음 가지 않아 개구리는 두꺼비가 걱정되기 시작했어.

'지금 구해 주지 않으면 두꺼비가 많이 다칠지도 모르는데…….'

결국 개구리는 117로 전화를 걸어 학교 폭력을 신고했어. 곧바로

경찰 아저씨가 출동하여 황소개구리 형들을 잡아갔지.

"개구리가 신고하지 않았다면 큰일 날 뻔했구나. 이런 으슥한

골목이나 건물 옥상, 공중화장실, 공사 중인 건물, 사람들이

가지 않는 곳에서 혼자 다니면 위험하단다.

앞으로는 친구와 같이 다니렴."

괜찮아?

가진 것 다
내놔!

경찰 아저씨가 두꺼비에게 말했어. 두꺼비는 개구리가 자신을 도와주었다는 사실을 알고 깜짝 놀랐어.

"고, 고마워. 그리고 괴롭혀서 미안해. 사실은 나도 전학 오기 전에 괴롭힘을 당했거든. 세게 보이면 괴롭힘을 안 당할까 봐 그랬던 거야. 다시는 그러지 않을게."

개구리는 두꺼비를 도와주길 잘했다는 생각이 들었어.

그런데 집에 돌아왔더니 엄마가 놀란 얼굴로 개구리를 맞이했어.

"오늘 너희 반 아이를 길에서 만났는데, 두꺼비가 너를 괴롭힌다며? 왜 **엄마한테 사실대로 말하지** 않았니?"

"아니에요. 두꺼비가 다시는 그러지 않겠다고 약속했어요. 앞으로 친하게 지내기로 했고요."

개구리는 오늘 있었던 일을 엄마에게 말씀드렸어.

"다행이구나. 앞으로 그런 일이 또 생기면 엄마한테 꼭 말해야 해. 무섭다고 참고 있으면 괴롭힘이 더 심해질 수 있어."

엄마는 그동안 힘들었을 개구리를 꼭 안아 주셨어.

1 혼자 다니지 않기

으슥한 골목, 건물 옥상, 공중화장실 등 사람들이 잘 다니지 않는 곳에는 혼자서 가지 않아요. 나쁜 사람들에게 괴롭힘을 당할 수도 있어요.

2 비싼 물건 가지고 다니지 않기

평소에 비싼 물건이나 돈을 많이 가지고 다니지 않아요. 나쁜 사람들이 뺏으려고 다가올 수 있는데, 이때 폭력을 쓰는 경우가 많아 위험해요.

3 싫다고 분명히 말하기

아무리 친한 친구라도 심한 장난을 치면 싫다고 단호하게 말해야 해요. 친구의 행동 때문에 괴로운 마음이 들 때에도 자신의 마음을 솔직하게 말해요.

4 어른에게 알리기

왕따나 학교 폭력을 당한 사실을 숨겨서는 안 돼요. 더욱 괴롭힘이 심해지고 고통만 늘어날 뿐이거든요. 반드시 부모님께 알리고 도움을 받아야 해요.

5 괴롭힘 당하는 친구 돕기

선생님! 두꺼비가 왕따 당해요!

?!

⚠ 반에서 왕따나 학교 폭력을 당하는 친구가 있다면, 모른 척하지 말고 주변 어른에게 알려서 도와주세요. 친구는 서로의 힘든 점을 위로해 주는 아주 소중한 관계예요.

6 학교 폭력 신고 전화하기

117

여보세요! 학교 폭력 신고하려고요.

⚠ 괴롭히는 친구가 스스로 깨달아서 괴롭히는 행동을 멈추면 좋겠지만, 그렇지 않고 점점 심하게 괴롭힌다면 117을 눌러 경찰에 신고하는 것도 하나의 방법이에요.

어린이 안전퀴즈!

❶ 다음 중 잘못된 생각을 가진 어린이는 누구일까요?

① 인하 : 괴롭히는 친구가 있어서 엄마한테 그 사실을 털어놓았어.
② 수아 : 비싼 물건이나 많은 돈을 가지고 다니지 않아.
③ 윤민 : 우리 반에 왕따를 당하는 아이가 있는 걸 알지만 내 일이 아니니까 모른 척할 거야.
④ 진우 : 장난이라고 말하며 자꾸 괴롭히는 아이가 있어서 분명하게 싫다고 말했어.

❷ 학교 폭력을 신고하려면 몇 번을 눌러야 할까요?

국번 없이 [ ]

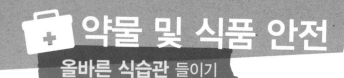

식품 안전 체험하기!

"아이고, 배야!"

어제 먹다 남은 피자를 먹고 난 뒤, 보보는 배가 아파서

배를 움켜잡고 방바닥을 데굴데굴

굴렀어요.

"보보야, 음식을 먹기 전에는

손을 깨끗이 씻어야 한단다.

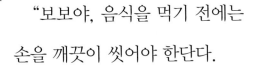**유통 기한**도 확인해야 하고 말이야.

특히 기름진 음식을 많이 먹으면

지금처럼 배가 많이 아프단다.

주사 한 대 맞고, 다 나으면 엄마랑

'식품 안전 체험관'에 꼭 가 보렴!"

며칠 뒤, 보보는 엄마와 함께 '식품 안전 체험관'에 갔어요.
다시는 따끔한 주사를 맞고 싶지 않았거든요.

가장 먼저 들어간 곳은 **'몸속 체험방'**이었어요.

"자, 보보가 먹은 음식이 어디로 가는지 한번 살펴볼까?"

체험관 선생님이 보보를 스크린 앞에 세우자, 보보의 몸속 그림이
나타났어요.

"입으로 먹은 음식은 먼저 식도를 지나가. 식도는 엄지손가락
굵기야. 좁지? 그러니까 **대충 씹으면 음식이 목에 걸릴 수도
있어서 꼭꼭 씹어야 해.** 그다음은 위야. 네 주먹만 한 크기지?
바람을 불면 커지는 풍선처럼 음식을 먹으면 위도 늘어난단다.
그렇다고 해서 너무 많이 먹으면 안 돼. 배가 아프거든."

보보는 선생님의 말에 고개를 끄덕였어요.

"위에서 나오는 위액이 음식물을 녹여서 죽처럼 만들면, 이
음식물들은 꼬불꼬불 긴 소장을 지나게 돼. 소장에는 수건처럼
울퉁불퉁한 융털이 있는데, 그곳으로 영양분이 빠져나가고 남은
것들은 대장으로 간단다. 대장에서는 수분을 흡수하고 남은
찌꺼기를 똥으로 만들어 내보내지. 자, 이제 네가 음식이라고
생각하고 몸속을 지나는 것처럼 미끄럼틀을 타 보렴."

꼬불꼬불한 미끄럼틀을 타고 내려온 뒤 벌떡 일어나자마자 보보는 자신도 모르게 "뿌웅~." 하고 방귀를 뀌었어요. 보보는 창피해서 얼굴이 붉어졌어요.

"창피해할 것 없어. 누구나 하루에 열 번은 방귀를 뀐단다. 우리 몸속 대장에 있는 세균들이 우리가 먹은 음식물을 분해할 때 가스를 내놓는데, 이 가스들이 모여 몸 밖으로 나오는 게 방귀야."

보보는 새침데기 짝꿍 다은이가 방귀 뀌는 모습을 상상하면서 큭큭 웃었지요.

다음은 손씻기 체험방이에요. 보보는 세균을 보이게 하는 로션을 바른 뒤 화면에 댔어요. 그랬더니 하얗게 세균으로 뒤덮인 손이 보였어요. 보보는 손에 붙은 수많은 세균을 보고 깜짝 놀랐지요.

"우리 손에는 많은 세균들이 붙어 있어. 손을 씻지 않고 눈을 비비거나 음식을 먹으면, 세균이 몸속으로 들어가 병을 일으키지."

비벼 씻고, 깍지 끼고 씻고, 손톱까지 씻는 '손 씻기 6단계' 방법대로 손을 씻은 뒤 다시 화면에 손을 댔더니, 짜잔! 마술처럼 세균이 말끔히 사라지고 손이 깨끗해졌답니다.

"외출하고 돌아와서, 화장실에 다녀와서, 음식을 먹기 전에, 애완동물을 만진 다음에는 반드시 손을 씻어야 한단다. 알겠지?"

다음은 '건강한 장보기 체험방'이에요. 다양한 음식 앞에 '농산물',

식품 안전 체험관

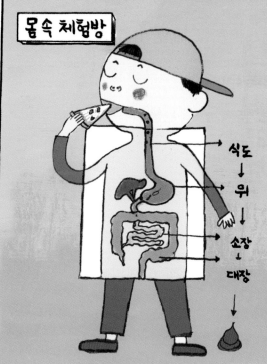

몸속 체험방

식도
위
소장
대장

손씻기 체험방

앗, 세균!

건강한 장보기 체험방

→ 고열량
저영양
음식

건강 체험방

뻘 뻘

와르르

과자 한봉지
열량 소모 = 2시간 운동

'수산물', '축산물', '가공식품' 등의 팻말이 붙어 있었어요.

"자, 먹고 싶은 걸 골라서 장바구니에 담아 보렴."

보보는 좋아하는 음식들을 장바구니에 마구 담았어요. 라면, 핫도그, 햄버거, 도너츠, 군만두, 딸기 우유, 과자, 초콜릿…….

선생님은 보보가 담은 음식을 '고열량 저영양 판별 기계'에 넣었어요. 영양분은 별로 없으면서 열량이 높아 몸에 좋지 않은 음식들을 가려 주는 기계래요. 보보가 고른 음식들은 대부분 **고열량 저영양 음식**이었지요.

선생님은 기름이 많은 음식은 건강에 해롭고 살이 찐다면서, '지방'의 무게가 느껴지는 옷을 입혀 주었지요. 지금보다 살이 찌면 이렇게 몸이 무거워진대요.

보보는 짜디짠 라면에는 **나트륨**이 많이 들어 있어서, 많이 먹으면 심장이 약해지고 숨이 찬다는 것도 배웠어요. 사탕을 많이 먹어서 이가 까맣게 썩은 사진도 보았지요. 딸기 우유, 딸기 과자 등에는 몸에 해로운 색소가 들어 있다는 것도 배웠답니다.

보보는 장보기를 다시 했어요. 이번에는 땅에서 나는 농산물, 바다에서 나는 수산물, 가축에서 나는 축산물이 골고루 들어간 건강한 장보기를 했지요.

보보는 **음식을 냉장고에 넣어 잘 보관하는 법**도 배웠어요.

"더운 여름에는 **식중독**에
걸리기 쉽단다. 손을 깨끗이
씻고, 물을 끓여 마셔야 해.
또 음식은 익혀 먹고 냉장고에
잘 보관해서 상하지 않도록
해야 해."

선생님은 이렇게 말하며 마지막으로 '건강 체험방'으로 보보를
데려갔어요. 그곳에는 다양한 음식의 열량과 그 열량을 소모하려면
얼마나 운동해야 하는지 적혀 있었어요.

'앗, 과자 한 봉지를 먹으면, 2시간이나 운동해야 하는구나!'

선생님이 체험관 밖으로 보보를 데리고 나오며 말했어요.

"보보야, 젤리나 떡은 목에 걸릴 수도 있으니까 꼭꼭 씹어 먹어야
해. 문방구에서 파는 불량 식품은 몸에 해로우니까 사 먹지 말고.
과자나 인스턴트식품을 많이 먹거나 음료수, 아이스크림처럼
찬 것을 많이 먹어도 배가 아프단다."

"네. 잘 알겠어요, 선생님. 그리고요… 선생님 진짜 짱 예뻐요!"

보보는 쑥스럽게 말하고는 기다리고 있던 엄마에게로 잽싸게
뛰어갔답니다.

건강을 지키는 식품 **안전 규칙**

1 손 깨끗이 씻기

밖에 나갔다가 돌아와서, 화장실에 다녀와서, 음식을 먹기 전, 애완동물을 만지고 난 뒤에는 반드시 손을 씻어요.

2 단 음식 많이 안 먹기

설탕을 많이 먹으면 건강에 해로워요. 충치가 생기기도 쉽고요. 사탕, 초콜릿, 케이크, 도너츠 등 단 음식을 많이 먹지 않아요.

3 독성이 있는 음식 조심하기

싹이 난 감자나 복어에는 독성이 있어요. 싹이 난 감자는 먹지 않고, 복어는 독을 제거하고 먹어야 해요.

4 물 끓여 마시기

더운 여름에는 식중독에 걸리기 쉬워요. 물은 끓여 마시고, 음식은 익혀 먹어야 안전하답니다.

5 불량 식품 안 먹기

불량 식품을 사 먹지 않아요. 불량 식품에는 해로운 색소가 많이 들어 있고, 대장균과 같은 세균도 들어 있어서 몸에 몹시 해로워요.

6 알레르기 음식 피하기

아, 가려워!

음식을 먹은 뒤 숨이 가빠지거나, 두드러기가 나면 병원에 가서 치료를 받아요. 알레르기 증상을 일으키는 음식은 앞으로 먹지 않아요.

7 유통 기한 확인하기

음식을 사기 전에 유통 기한을 꼭 확인해요. 유통 기한이 지난 음식을 먹으면 배탈이 날 수도 있어요.

8 꼭꼭 씹어 먹기

냠냠

젤리나 떡이 목에 걸려서 목숨을 잃는 사고가 자주 있어요. 젤리나 떡은 꼭꼭 씹어서 먹어요.

9 찬 음식 많이 안 먹기

배 아파!

⚠️ 찬 음식이나 인스턴트식품을 많이 먹지 않아요.

10 자기 전에 먹지 않기

⚠️ 잠자기 바로 직전에는 음식을 먹지 않아요.

어린이 안전퀴즈!

❶ 다음 중 바른 행동을 한 어린이를 모두 찾아 ○하세요.

❶	❷	❸

애완동물을 만진 뒤 손을 꼭 씻는 어린이	불량 식품을 자주 사 먹는 어린이	싹이 난 감자나 복어를 조심하는 어린이

정답 ❶ ①③

144

올바른 손 씻기 6단계

'손 씻기'는 건강을 지키는 가장 좋은 습관입니다.
자주 씻어요. 올바르게 씻어요. 깨끗하게 씻어요.

1 손바닥과 손바닥을 마주
대고 문질러 주세요.

2 손가락을 마주 잡고
문질러 주세요.

3 손등과 손바닥을 마주
대고 문질러 주세요.

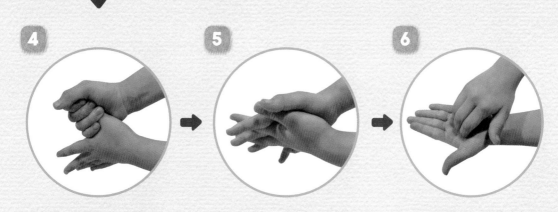

4 엄지손가락을 반대편
손가락으로 돌려 주면서
문질러 주세요.

5 손바닥을 마주 대고
손깍지를 끼고 문질러
주세요.

6 손가락을 반대편 손바닥에
놓고 문지르면 손톱
밑까지 깨끗해져요.

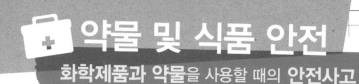
먹보 만보

옛날에 장수도사의 제자 만보가 살았어. 만보는 무엇이든 가리지 않고 잘 먹어서 **'먹보 만보'**라고 불렸어.

"만보 이 녀석, 겨울 식량을 하려고 놔둔 감자를 다 먹어 치웠구나! 쯧쯧, 도술은 안 배우고, 매일 먹을 것만 탐하다니. 바위에 앉아서 잘못을 뉘우치고 명상을 하도록 해라!"

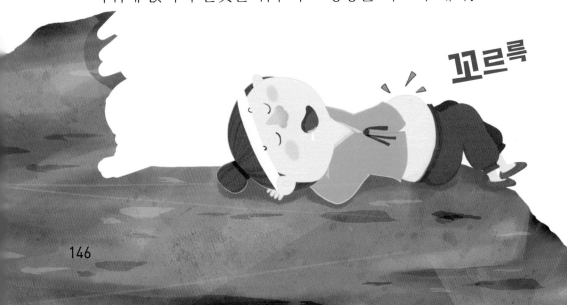

꼬르륵

146

만보는 울상을 지으며 바위에 앉았어.

'떡국, 송편, 부침개, 한과……'

만보는 멍하니 앉아 먹고 싶은 것들을 하나하나 떠올렸어. 그랬더니 배에서 '꼬르륵' 소리가 나지 뭐야.

'에라 모르겠다!'

만보는 그만 바위에 벌렁 드러누워 버렸어.

그런데 눈을 떠 보니 눈앞에 **처음 보는 세상**이 펼쳐져 있는 거야. 하늘이 안 보일 정도로 높은 집들이 빼곡했고, 사람들은 저마다 이상한 옷을 입고 있었어.

만보는 무언가에 홀린 듯 걷다가 사람들이 마음껏 드나드는 커다란 집 안으로 들어갔어.

"맛있는 떡갈비가 원 플러스 원! 한번 시식해 보세요!"

이곳저곳에서 시식해 보라는 말이 들려왔어. 신기한 건 사람들이 돈도 내지 않고 그 음식들을 먹고 있다는 거야.

'우아, 천국이 따로 없네!'

만보는 사람들을 따라 맛있는 음식을 실컷 먹었지. 그런데 너무 많이 먹었나 봐. 갑자기 배 속이 부글부글하더니 식은땀이 나기 시작했어.

아이고, 배야!

"저, 여… 여기 변소가 어디 있소?"

만보는 배를 부여잡고 지나가는 사람에게 물었어.

"하하, 변소요? 여기로 쭉 가면 **화장실**이 나와요."

만보는 화장실이란 곳에서 시원하게 볼일을 봤어. 변소와 다르게 생겨서 처음엔 당황했지만 말이야.

"킁킁, **달콤한 향기가 나는데.** 여기에도 먹을 게 있나 보군."

만보는 향기가 나는 통을 여러 개 찾아 모아 놓고 무엇부터 먹을까 고민했어.

"그래, 가장 달콤한 향기가 나는 이것부터 먹어 보자!"

만보가 통의 마개를 열어 마시려는 찰나, 한 아저씨가 그 통을 낚아채며 호통을 쳤어.

"이 사람이 큰일 나려고. 어쩌려고 **청소하는 데 쓰는 세제**를 먹으려는 거야!"

"그, 그럼 이건 먹어도 되나요?"

만보가 다른 통을 가리키자 아저씨는 황당한 표정을 지으며 말했어.

"그건 손 씻을 때 쓰는 물비누요!"

만보는 머리를 긁적이며 화장실을 나왔지. 배 속을 비웠더니 신기하게 또 배가 고팠어. 만보는 다시 먹을 것을 찾아 돌아다니기

시작했어.

"맛있는 군만두예요! 한번 드시고 가세요!"

만보는 허겁지겁 그릇에 담긴 군만두를 모두 먹어 치웠어.

그러자 아주머니는 통에 담긴 노란 물을 한 차례 뿌리더니 만두를

올려놓았지.

'저 노란 물은 무슨 맛일까?'

아주머니가 만두를 굽는 동안, 만보는 호기심에 통 안에 든
노란 물을 입안에 몽땅 털어 넣었어.

"우웩!"

"앗, **식용유를 먹으면** 어떡해요! 여기 얼른 119 좀 불러 주세요!"

어찌된 일인지 속이 메슥거려서 참을 수가 없었어. 하염없이
눈물을 흘리며 한참 동안 바닥을 데굴데굴 구르고 있을 때,
누군가가 만보를 데리고 갔어. 그곳에서 사람들은 만보의 입안에
기다란 물건을 넣고, 모든 것을 토해 내게 했어.

꼭 하루에 세 번
드세요!

몹시 고통스러웠지.

"여기, 약이에요. 하루에 세 번 밥 먹고 한 봉지씩 드세요. **한꺼번에 다 먹으면 절대 안 돼요!**"

간호사라고 하는 사람이 누워 있는 만보에게 약봉지를 건네주었어.

'하루에 세 번, 한 봉지! 이제 마구 먹지 않을 거야!'

만보는 간호사의 말을 굳게 되새기다 지쳐 잠이 들었어.

딱!

"아얏!"

누군가 알밤을 준 듯 이마가 따끔해서 눈을 번쩍 떠 보니, 장수도사가 만보를 노려보고 있었어. 주위를 둘러보니 이상한 세상은 온데간데없고 깊은 산속이었지.

"스승님, 이젠 먹는 걸로 욕심 안 부릴게요!"

만보는 장수도사를 덥석 안았어. 장수도사는 영문 모를 표정을 지으며 만보를 토닥여 주었지.

1 세제 조심하기

부엌이나 화장실에 있는 세제는 절대 먹지 않아요. 특히 화장실 세제는 몹시 독해서 손으로 만져서도 안 돼요.

2 함부로 먹지 않기

배고프다고 부엌에 있는 것을 함부로 먹어서는 안 돼요. 먹어도 되는 것인지 어른에게 꼭 확인하고 먹어요.

3 증상에 맞는 약 먹기

감기 걸렸어!

아픈 부위나 증상에 따라 먹는 약이 달라요. 아무 약이나 먹지 말고, 꼭 증상에 알맞는 약을 먹어요.

4 정해진 양만 먹기

최근 젤리나 과자처럼 달콤한 약이 많은데, 맛있다고 해서 많이 먹으면 오히려 몸에 해로워요.

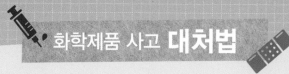
화학제품 사고 대처법

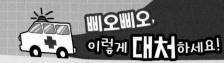
삐오삐오, 이렇게 **대처**하세요!

1 화학제품을 마셨어요

마신 것을 모두 토해 내요.

2 화학제품이 튀었어요

흐르는 물에 15분 이상 씻어 내요.

3 화학제품의 냄새를 맡았어요

신선한 공기를 마셔요.

4 병원에서 치료를 받아요

증상이 심하면 곧장 병원에 가서 치료를 받아요.

어린이 안전퀴즈!

❶ 다음 중 올바른 약 복용법이 아닌 것은?

① 필요할 때만 먹어요.　　② 정해진 양만큼만 먹어요.

③ 많이 먹을수록 좋아요.　　④ 증상에 맞는 약을 먹어요.

정답 ❶ ③

호랑이왕 구하기

오늘도 호랑이왕은 술에 취한 채 너구리와 멧돼지가 준 담배를

뻐끔뻐끔 피우고 있었어.

"콜록콜록! 아빠, 연기가 너무 매워요. 담배 그만 피우고, 저랑

숲으로 산책 가요. 도라지꽃이 예쁘게 피었어요."

아기 호랑이가 기침을 하며 졸라 댔어.

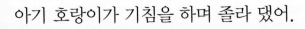

"너구리나 멧돼지랑 가렴. 나는 피곤하단다."

호랑이왕은 비틀거리며 침대로 가다가 그대로 쓰러지고 말았어.

호랑이왕이 눈을 떴을 때, 염소 의사가 옆에 있었어.

"왜 술을 마시고 담배를 피우시는 겁니까? 특히 왕께서 피우신 담배 때문에 아기 호랑이도 병이 들었어요. 담배에는 **4천 가지가 넘는 화학 물질**이 들어 있어서 옆에서 담배 연기를 맡는 것만으로도 몸에 해롭습니다."

"너구리와 멧돼지들 짓이야! 내 이것들을 당장!"

호랑이왕은 벌떡 일어났다가 힘이 없어서 도로 드러눕고 말았어.

"몸이 허약해져서 지금 그들과 싸우기는 어렵습니다. 우선 담배와 술을 끊고 건강을 되찾은 다음에 그들을 벌하세요."

호랑이왕은 담배와 술을 끊기로 굳게 결심했어.

물론 쉬운 일은 아니었어. 담배를 피우지 않자 **머리가 아프고 목이 바짝바짝 말랐어.** 또 술을 마시지 않으니 손이 떨리고 벌레 같은 환영이

보이기도 했지. 하지만 물을 많이 마시고,
운동을 꾸준히 해서 결국 담배와
술을 끊었단다.

꽈당

　건강을 되찾은
호랑이왕은 숲 속
동물들을 모아 놓고
씨름 대회를 열었어.

　너구리와 멧돼지는 씨름 대회에서
일등을 하면 호랑이왕을 쫓아내고 숲 속의 왕을 차지할 수 있다고
좋아했어.

　너구리와 멧돼지는 동물들을 하나둘 이겨 나갔고, 마지막에는
너구리와 멧돼지가 붙어서 결국 멧돼지가 이겼어.

　"잠깐!"

　그때 호랑이왕이 멧돼지에게 도전장을 내밀었어. 호랑이왕은
멧돼지를 한 손에 때려눕히고 일등을 차지했어. 그리고 너구리와
멧돼지를 숲에서 내쫓았단다.

　"아빠, 정말 멋져요! 최고예요!"

　아기 호랑이는 호랑이왕의 팔에 매달리며 기뻐했어. 그 뒤로
호랑이왕은 아기 호랑이를 데리고 숲을 돌며 마음껏 놀아 주었대.

1 담배(직접흡연) 피우지 않기

우리나라는 청소년 흡연율이 높은 편이라고 해요. 나이가 어릴수록 더욱 건강에 나쁘고 중독에서 벗어나기 어려우니, 담배를 입에 대서는 안 돼요.

2 담배(간접흡연) 연기 피하기

담배에는 암을 유발하는 타르, 니코틴 등이 들어 있어 몸에 해로워요. 담배를 피우는 사람 곁에는 되도록 가지 않아요. 간접흡연도 해로워요.

3 술의 위험성 깨닫기

술은 정신을 혼미하게 하고 의식을 잃게 할 수도 있어요. 또 술을 많이 마시면 간암, 구강암, 식도암 등에 걸릴 수도 있어요.

4 술 마시지 않기

어른을 흉내 내며 술을 마시면 절대 안 돼요! 정말 멋진 어른은 자기 몸을 건강하게 지키고 사랑할 줄 아는 사람이랍니다.

술과 담배는 왜 중독성이 있나요?

술을 마시거나 담배를 피우면 기분이 좋아져요. 술과 담배에 들어 있는 성분이 우리 몸의 신경을 자극하여, 기분을 좋게 하는 도파민을 분비하게 만들기 때문이에요. 사람들은 이러한 좋은 기분을 또 느끼고 싶어서 술과 담배를 찾게 된답니다. 그러면서 차츰차츰 술과 담배에 중독되는 것이지요.

한순간의 기쁨을 누리려고 술과 담배에 입을 대면 절대 안 돼요. 술과 담배에 한번 중독되면 빠져나오기 어렵거든요. 술과 담배로 얻는 기쁨은 아주 잠시랍니다. 술과 담배는 암과 같은 무서운 질병을 일으키기 때문에 오히려 술과 담배로 인해 잃는 것들이 훨씬 많지요.

어린이 안전퀴즈!

❶ 다음 중 잘못된 생각을 가진 어린이는 누구인가요?

　① 연아 : 담배를 피우고 있는 어른들 곁에는 가지 말아야지.
　② 승희 : 어른이 되어서도 담배는 피우지 말아야지.
　③ 은수 : 술과 담배는 중독성이 강하니까 입에 대면 안 돼.
　④ 정환 : 영화 속 주인공처럼 멋지게 담배를 피워 볼까?

❷ 다음 설명 중에서 틀린 것을 고르세요.

　① 술을 많이 마시면 간암, 구강암, 식도암 등에 걸릴 수 있어요.
　② 담배에는 암을 유발하는 해로운 물질이 아주 많이 들어 있어요.
　③ 술과 담배는 마음만 먹으면 언제든지 쉽게 끊을 수 있어요.
　④ 술과 담배는 중독성이 강해요.

정답 ❶ ④ ❷ ③

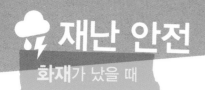
헐레벌떡 탐정 사무소

헐레벌떡 탐정 사무소에는 두 명의
탐정이 있어. 바로 헐레 탐정과
벌떡 탐정이지.

헐레 탐정이 오늘도 헐레벌떡 뛰어
들어오면서 말했어.

"벌떡 탐정! 아랫마을 뾰족지붕
집에서 불이 났다는군!"

"안 그래도 그 집 주인 꼼꼼 씨가 오늘 사건의 의뢰인이라네.
어서 가 보세."

헐레 탐정과 벌떡 탐정은 헐레벌떡 아랫마을의 뾰족지붕 집을
찾아갔어. 집 주인 꼼꼼 씨는 화재 현장에서 잃어버린 보물 상자를
찾아 달라고 말했어.

"보물 상자는 어디에 있었나요?"

"거실에 있었어요."

"불이 났을 때 집엔 꼼꼼 씨 말고 또 누가 있었지요?"

"아무도 없었습니다. 그때 저는 안방에서 잠을 자고 있었어요.
갈작갈작 소리에 깼는데, 밖에서 사람들이 '불이야!' 외치는
소리를 듣고 불이 난 걸 알았습니다."

데굴데굴

"그래서 바로 문밖으로 뛰쳐나갔습니까?"

"아뇨. 방문 고리를 만져 봤는데, 문고리가 뜨겁더군요. 그래서 문을 열면 안 된다고 생각했습니다."

"그렇군요. 그래서요?"

"손수건으로 코와 입을 막고, 화상을 입지 않도록 담요를 몸에 둘렀어요. 그다음 허리를 숙이고 방 베란다 쪽으로 나갔습니다."

"베란다에서 뛰어내리려고 했나요?"

"그럴 리가요. 베란다 틈새를 잘 막고, 밖을 향해 구해 달라고 소리치며 베란다 밖으로 물건을 던졌습니다. 내가 안에 있다는 걸 알리려고요."

"그래서 어떻게 되었습니까?"

"소방차가 달려와서 나를 구해 주었습니다. 불도 꺼 주었고요."

"후유! 천만다행이었군요."

"예. 그런데 나중에 집 안을 정리하다 보니 보물 상자가 없는 겁니다. 다른 건 다 있는데, 보물 상자만……."

"꼼꼼 씨는 지금 거짓말을 하고 있어요!"

"이 집에는 꼼꼼 씨 말고 아무도 없다고 하셨는데, 누군가 있었습니다. 바로 고양이였지요. 베란다에 고양이 집이 있지 않습니까? 거실에는 불에 탄 사료도 있군요. 방문을 보면 날카로운 발톱으로 긁은 흔적이 있는데, 그건 고양이가 주인에게 불이 난 것을 알리려고 방문을 긁었기 때문이지요."

"잃어버린 고양이가 있긴 한데요. 집을 나가 돌아오지 않고 있어요."

"흠, 고양이가 집에 들어왔다가 불이 난 걸 보고 주인을 깨우려고 했군요. 베란다로 가서 고양이 집을 한번 들여다보시겠습니까?"

고양이 집을 들여다본 꼼꼼 씨가 소리쳤어.

"아, 여기 있어요! 보물 상자가 여기 있네요!"

꼼꼼 씨는 감격에 겨워 보물 상자를 끌어안았어.

"베란다에는 불길이 덜 미치죠. 고양이가 베란다에 있는 자기 집에 보물 상자를 숨겨 두고, 수건을 적셔서 덮어 놓았군요. 아주 영리해요."

"우리 고양이는 어디로 갔을까요? 제 고양이를 좀 찾아 주시겠습니까?"

꼼꼼 씨의 부탁에 벌떡 탐정이 웃으면서 말했어.

"그럴 필요 없을 거 같은데요. 저기 벌써 오고 있네요."

꼼꼼 씨의 고양이가 친구 고양이를 데리고 지붕에 난 창문을 통해 들어오고 있었어.

1 도움 요청하기

불이야!

도와주세요!

"불이야!"라고 소리쳐서 다른 사람에게 알리고, 119에 신고해요. 문밖으로 대피하기 힘들다면 창문을 통해 팔을 흔들며 소리를 질러요.

2 문손잡이 만져 보기

문손잡이를 잡아 보고 뜨거우면 문을 열지 마세요. 이때 문을 열면 불길이 순식간에 집 안 전체로 번질 수 있답니다.

3 담요 두르기

데구르르

담요나 두꺼운 옷을 두르고 코와 입을 젖은 수건으로 막은 뒤 몸을 최대한 숙여서 대피해요. 몸에 불이 붙었다면 두 손으로 얼굴을 가리고 데굴데굴 굴러서 불을 꺼요.

화재가 뭐예요?

화재는 불이 나는 것을 말해요. 불은 라이터나 성냥불, 담뱃불 때문에 화재가 일어나기도 하고, 가스 불에서 옮겨붙거나 전기가 합선되어 일어날 수도 있어요. 그러니 불이나 가스, 전기 제품을 사용할 때는 특히 주의해야 해요.

작은 불 끄는 소화기 사용법

작은 불은 소화기로 끌 수 있어요. 소화기를 들고, 침착하게 안전핀을 뽑아요.

호스를 불길 쪽으로 향하게 하고 손잡이를 힘껏 쥔 다음 불길을 향해 소화기 약제를 뿌려요.

어린이 안전퀴즈!

❶ 화재가 났을 때 올바른 행동이 아닌 것은?

① 위급할 땐 창밖으로 뛰어내려요.
② 문손잡이가 뜨거우면 문을 열지 않아요.
③ 엘리베이터를 타지 말고 계단을 이용해 대피해요.
④ 두꺼운 담요를 몸에 두르고, 물에 적신 수건으로 코와 입을 막은 다음, 낮은 자세로 탈출해요.

❷ 화재가 나면 몇 번을 눌러 신고하나요?

국번 없이 [   ]

정답 ❶ ① ❷ 119

165

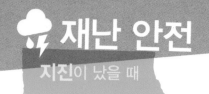
휴가지에서 생긴 일

헐레벌떡 탐정 사무소의
헐레 탐정과 벌떡 탐정은
모처럼 기분 좋게

비행기를 타고 휴가를 떠났어.

호텔에서 스파를 즐기고, 리조트에서 맛있는 요리를 해 먹으며
꿀맛 같은 휴가를 보내고 있을 때였어. 갑자기 우르르르 땅이
흔들렸어.

"헐레 탐정, 이게 무슨 일이지?"

"벌떡 탐정, 땅이 흔들린다는 건 바로……."

두 사람은 누가 먼저랄 것도 없이 발딱 자리에서 일어나 동시에

166

외쳤지.

"지진이다!"

벌떡 탐정이 문 쪽으로 뛰어가려 하자 헐레 탐정이 말렸어.

"지금 밖으로 나가면 위험하다네. 땅이 흔들리는 동안은 탁자 밑으로 피해 있는 것이 안전해."

"밖으로 나가려는 게 아니라 문을 열어 놓으려는 것이네. 이따가 문이 뒤틀려서 나가지 못하면 어떡하나?"

"아 참, 그걸 까먹었군. 자네가 문을 열어 놓는 동안 나는 가스 밸브와 수도꼭지를 잠그고 전기 코드를 뽑아 놔야겠네."

헐레 탐정과 벌떡 탐정은 문을 열어 놓고 가스 밸브와

수도꼭지를 잠그고 전기 코드를 뽑았어. 그런 다음 재빨리 테이블 밑으로 들어갔어.

"헐레 탐정, 우리가 아무래도 휴가를 잘못 온 것 같군."

"벌떡 탐정, 나도 방금 그 생각을 했다네."

지진이 멈추자 건물에 화재가 났다며 대피 방송이 흘러나왔어. 헐레 탐정과 벌떡 탐정은 복도로 나갔어. 때마침 다른 사람들도 우르르 몰려나오고 있었지.

그런데 그중에 엘리베이터를 타려는 사람들이 있는 거야.

"이봐요! 엘리베이터를 타면 안 돼요!"

"안에 갇힐 수 있으니 계단을 이용해 내려가세요!"

헐레 탐정과 벌떡 탐정은 사람들을 향해 외쳤어. 다행히

엘리베이터를 타려던 사람들도 계단 쪽으로 움직이기 시작했어.

건물 밖에 나와서도 헐레 탐정과 벌떡 탐정은 사람들에게
소리쳤어.

"담 옆은 피하세요! 전봇대도 안 돼요!"

"건물에서 떨어지세요. 유리창이나 간판이 떨어질 수 있어요."

"떨어지거나 무너질 위험이 없는 넓은 공터를 찾아가세요!"

저만치 집들이 무너지고, 건물에서 불이 나는 것이 보였어.
정말 끔찍했지.

헐레 탐정과 벌떡 탐정은 지진이 잠잠해지자 재빨리 짐을 챙겨
비행기를 타고 탐정 사무소로 돌아왔어. 그리고는 탐정 사무소에
거대한 튜브로 수영장을 만들고, 해먹도 걸고, 파도 소리를
녹음해서 들으면서 남은 휴가를 보냈지.

"역시 탐정 사무소가 최고야!"

헐레 탐정과 벌떡 탐정은 서로를 바라보며 웃었어.

1 문 열어 놓기

지진이 나면 미리 문을 열어 놓는 게 좋아요. 큰 지진의 경우 문이 비틀어져 버리기도 해서 자칫 대피할 때 문이 열리지 않을 수도 있어요.

2 화재 예방하기

가스 밸브와 수도꼭지는 잠가야 해요. 전기 코드는 빼 놓아야 하고요. 여진으로 화재가 발생할 경우를 대비하는 거예요.

3 딱딱한 탁자 밑에 들어가기

떨어지는 물건에 머리를 다치지 않도록 푹신한 방석이나 가방으로 머리를 감싸고 탁자나 식탁 밑으로 대피해야 해요.

4 신발 신기

신발을 신었어!

지진이 났을 때에는 집 안에서도 신발을 신어요. 지진 때문에 물건이 떨어지는 경우가 많아서 맨발일 때는 발을 다칠 수 있어요.

5 출입구 벽에 붙어 있기

콘크리트 건물은 출입구가 있는 벽이 가장 튼튼하다고 해요. 그래서 출입구 벽 쪽에 몸을 붙이고 서 있는 것이 안전해요.

6 계단 이용하기

건물 밖으로 대피할 때는 엘리베이터를 타지 말고 계단을 이용해요. 엘리베이터가 갑자기 멈추면 대피할 수 없어요.

7 건물로부터 떨어지기

건물 밖으로 대피할 때는 방석이나 가방으로 머리를 보호하고 건물로부터 최대한 멀리 떨어져요. 건물 유리창이나 간판 등이 떨어질 수 있어요.

8 담장 밑 피하기

담장은 겉보기에는 튼튼해 보이지만, 사실은 지진이 나면 쉽게 무너진답니다. 지진이 났을 때 담장은 가급적 피하는 게 안전해요.

9 자동판매기 피하기

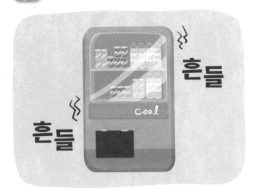

흔들
흔들

Cool

🚨 자동판매기는 바닥에 고정되어 있지 않아요. 그래서 지진이 났을 때 넘어질 수도 있답니다. 자동판매기 옆에는 있지 않는 게 좋아요.

10 전봇대 밑 피하기

🚨 전선이나 전봇대에 가까이 다가가지 않아요. 만약 전선이 끊어져 땅에 떨어지면, 바로 감전될 수도 있기 때문이에요.

11 공터로 대피하기

🚨 안전한 장소로 대피해 지진이 끝날 때까지 기다려요. 지진이 났을 때 가장 안전한 장소는 공터나 공원, 운동장과 같이 사방에 아무것도 없는 곳이랍니다.

12 자동차 밖으로 대피하기

🚨 지진이 나면 자동차는 타이어가 터진 것과 같은 상태가 되어서 운전하기 힘들어져요. 길 오른쪽에 자동차를 대고 자동차 밖으로 재빨리 대피해야 안전하지요.

지진이 뭐예요?

지진이란 땅속의 거대한 암반이 갑자기 갈라지면서 그 충격으로 땅이 흔들리는 현상이에요. 지진이 일어나면 한동안 흔들림이 계속되다가 멈추는 현상을 반복하지요. 심하게 흔들릴 때는 땅이 갈라지거나 건물이 무너지기도 해요. 환태평양 지진대 바로 위에 있는 일본은 특히 지진이 자주 일어나는 나라로 유명해요. 특히 2011년에는 진도 9.0의 대지진이 발생했는데, 이 지진 때문에 쓰나미가 밀려와 1만 명이 넘는 사람이 숨졌고, 원자력 발전소가 작동을 멈추는 사고가 생겼으며, 방사능이 누출되는 등의 큰 사고가 잇따랐어요.

어린이 안전퀴즈!

❶ 다음 상황에서 알맞은 대피 요령을 찾아 연결하세요.

① 집 안에 있을 때 지진이 났어요. •

② 집 밖에 있을 때 지진이 났어요. •

㉠ 옷이나 가방으로 머리를 보호하고 사방이 탁 트인 공터나 운동장으로 대피해요. •

㉡ 푹신한 방석 등으로 머리를 보호하고 탁자나 식탁 밑으로 대피해요. •

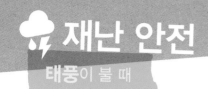
폭풍우 치는 밤에

헐레벌떡 탐정 사무소는 한밤중인데도 바빴어. 태풍이 몰려오고 있었거든.

"헐레 탐정, 자전거를 안에 들여놓는 것이 좋겠네."

"알았네. 벌떡 탐정 자네는 가스를 잠그고 전기 코드를

뽑아 주게."

잠시 후 바람이 심하게

불어 창문이 덜컹거리기

시작했어.

"바람이 점점

심해지는군. 안 되겠네.

유리가 깨질지도 모르니 창문에 테이프를 붙여야겠네."

"그러세. 나는 젖은 신문지를 붙이지."

헐레 탐정은 창문에 X(엑스)자로 테이프를 붙이고,
벌떡 탐정은 젖은 신문지를 붙였어.

"이제 좀 안심이 되는군. 그럼 일기 예보나 들어 볼까?"

텔레비전을 틀자마자 뉴스에서는 바람에 날아가는 지붕과
나무와 비닐하우스를 보여 주었어.

"저런! 아주 무시무시한 태풍이구만. 날아오거나 떨어지는
물건에 맞지 않으려면 주위를 잘 살피면서 걸어야겠어."

"이런 날은 집에서 나오지 않거나, 빨리 건물 안으로 피하는 것이
좋지."

뉴스에서는 태풍 때문에 산에 있다가 고립된 사람들, 계곡에
있다가 물이 불어나 조난을 당한 사람들의 모습도 나왔어.

"저런, 태풍이 올 때 산이나 물가는 더더욱 위험한데!"

"쯧쯧. 무사히 구조되어야 할 텐데."

밤이 깊어 가면서 비바람은 더욱 거세지고 '우르르, 쾅!' 하고 천둥 번개가 치기 시작했어. 헐레 탐정과 벌떡 탐정은 천둥 번개가 칠 때마다 깜짝깜짝 놀랐어. 사실 두 사람은 천둥 번개를 몹시 무서워했거든.

"헐레 탐정, 천둥 번개가 칠 때 밖에 나가 본 적 있나?

나는 큰 나무 아래서 번개에 맞은 사람을 본 이후로는 절대 나가지 않는다네."

"나도 전봇대 아래서 번개에 맞은 사람을 본 뒤론 나가지 않는다네."

"그러게 천둥 번개가 칠 때는 우산도 쓰지 말고, 쇠붙이에 손을 대서도 안 되지. 빨리 낮은 지대로 대피해야 하고 말이야."

"그것뿐인가? 큰 나무 아래나 전봇대, 가로등, 신호등도 다 위험하지. 자동차 안이나 건물 안으로 빨리 대피해야 해."

"헐레 탐정, 혹시 자네 《폭풍우 치는 밤에》라는 책을 읽어 봤나?"

"그럼. 자네는 《폭풍의 한가운데》라는 책을 읽어 봤나?"

"읽어 봤다네. 그럼 《폭풍 속으로》라는 책은?"

"읽어 봤지. 《폭풍의 언덕》, 《폭풍 속으로 날아간 새》, 《폭풍의 비밀》, 《폭풍 속의 씨앗》 다 읽어 봤다네."

"나도 《강철 폭풍 속에서》, 《폭풍 소년》, 《모래 폭풍 속에서》, 《폭풍 속의 연인》을 모두 읽어 봤지."

두 사람은 '폭풍'이라는 말이 나올 때마다 서로에게 조금씩 가까이 다가갔어. 헐레 탐정과 벌떡 탐정은 자석처럼 몸을 딱 붙이고 이야기를 나누다가 어느덧 슬슬 잠이 들기 시작했어. 혼자였다면 밤새 뒤척였을 텐데, 천둥 번개가 치는 밤인데도 한 번도 깨지 않고 아침까지 푹 잘 수 있었지. 둘이서 꼭 끌어안은 채로 말이야.

1 집 안에서 대비하기

⚠️ 밖에 나가지 말고 집에서 재난 방송을 주의 깊게 들어요. 또 창문에 신문이나 테이프를 붙이면 창문이 깨져도 유리 파편이 튀지 않아요.

2 물건 들여놓기

⚠️ 수도꼭지와 가스 밸브를 잠그고 전기 코드를 뽑아 두어요. 바람에 날아갈 만한 물건이 있으면 미리 집 안에 들여놓아요.

3 물이 넘치기 시작할 때

⚠️ 물이 집 안으로 들어오면 재빨리 지붕이나 옥상으로 대피하여 구조를 기다려요. 자동차 바퀴가 물에 반쯤 잠겼을 때에는 빨리 자동차에서 내려 대피해요.

4 산이나 계곡에 있을 때

⚠️ 태풍이 불 때 산이나 물가에 있다면 얼른 그곳을 떠나 대피해야 해요. 산사태가 나서 묻히거나, 물이 급격히 불어나는 바람에 물에 휩쓸려 목숨을 잃을 수도 있어요.

5 천둥 번개가 칠 때

태풍이 뭐예요?

천둥 번개가 칠 때 우산을 쓰거나, 쇠붙이를 만지면 안 돼요. 번개가 내리칠 수도 있으니 큰 나무나 전봇대, 가로등, 신호등도 피해야 해요. 건물에 들어가거나 자동차 안, 움푹 파인 곳, 낮은 곳으로 대피해요.

태풍은 열대성 저기압으로 강한 비바람을 동반해요. 중심 최대 풍속이 17m/s 이상이지요. 태풍 이름은 각 나라에서 제출한 이름 중 140개의 이름을 돌려가며 사용하는데, 우리나라가 제출한 태풍 이름은 개미, 나리, 장미, 미리내, 노루, 제비, 너구리, 고니, 메기, 나비예요.

어린이 안전퀴즈!

❶ 다음 중 천둥 번개가 칠 때 있어도 되는 안전한 장소를 고르세요.

① 우산 속   ② 건물이나 자동차 안
③ 큰 나무 아래   ④ 가로등 아래

❷ 다음 중 태풍이 올 때 잘못된 행동은?

① 재난 방송을 주의 깊게 들어요.
② 창문에 ×자로 테이프를 붙여요.
③ 바람에 날아갈 만한 물건은 안에 들어놓아요.
④ 큰 나무 밑에 있으면 안전해요.

정답 ❶ ② ❷ ④

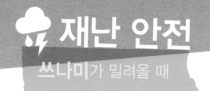
외계에서 온 뚜뚜 가족

뚜뚜 가족의 고향은 뚜뚜별이에요. 그런데 언제부턴가 괴물들이
나타나 뚜뚜별 사람들을 괴롭히기 시작했고, 어쩔 수 없이 뚜뚜별
사람들은 다른 별로 도망을 가야만 했답니다. 뚜뚜 가족도 괴물을
피해 우주선을 타고 지구로 도망쳤지요.

"우리가 둘러본 사만사천 개의 별 중에서 지구만큼 아름다운 곳은
없구나. 여기야말로 우리가 찾던 별이야!"

한 폭의 그림처럼 파란 바다가 일렁이는 풍경을 보고, 아빠가
감격에 겨워 소리쳤어요.

뚜뚜 가족은 바닷가 근처에 집을 짓고 살았어요. 수영도 하고,
모래 놀이도 하고, 의자에 앉아 바다를 바라보기도 하면서

느긋한 나날을 보냈지요.

그러던 어느 날, 뚜뚜 가족은 땅이 마구 흔들리는 걸 느꼈어요.

"아빠, 저기 봐요! 바닷물이 갑자기 빠져나가고 있어요."

그때 갑자기 대피 방송이 울려 퍼졌어요.

"애앵~. 쓰나미 경보! 쓰나미 경보! 곧 쓰나미가 밀려옵니다!
빨리 대피하세요!"

그러자 모든 사람이 바다 반대편으로 우르르 달아나기
시작했어요.

"빨리 높은 건물 위로 올라가야 해!"

뚜뚜 가족도 웅성대는 사람들 틈에 껴서 거대한 쓰나미로부터
달아났답니다.

181

"나무로 지은 건물은 위험해. 튼튼한

콘크리트 건물로 들어가야 해!"

"6층 이상 높은 건물로 대피해야 해!"

뚜뚜 가족은 사람들의 안내에 따라

높은 콘크리트 건물로 들어갔어요.

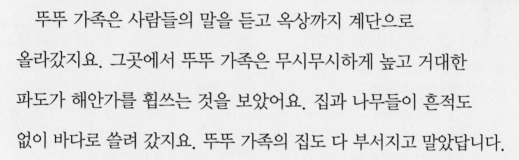

"엘리베이터가 멈출 수도 있으니 계단으로

가는 게 안전해요!"

뚜뚜 가족은 사람들의 말을 듣고 옥상까지 계단으로

올라갔지요. 그곳에서 뚜뚜 가족은 무시무시하게 높고 거대한

파도가 해안가를 휩쓰는 것을 보았어요. 집과 나무들이 흔적도

없이 바다로 쓸려 갔지요. 뚜뚜 가족의 집도 다 부서지고 말았답니다.

"쓰나미는 여러 차례 왔다 갔다 하면서 잔잔해지니까 쓰나미

경보가 해제될 때까지 일기 예보를 들으며 기다려야 해."

사람들의 말에 뚜뚜 가족은 쓰나미 경보가 해제되기를 꾹 참고

기다렸어요.

"아빠, 쓰나미는 뚜뚜별의 괴물처럼 무서워요!"

"그래. 바다는 아름답지만 또 쓰나미가 올까 봐 걱정되는구나!"

뚜뚜 가족은 쓰나미 경보가 해제되자마자 새 보금자리를 찾아

우주선을 타고 바닷가 마을을 떠났답니다.

1 쓰나미 예상하기

쓰나미가 오기 바로 직전에는 갑자기 바닷물이 빠져나가거나, 땅이 흔들리는 듯한 진동이 느껴져요.

2 재빨리 대피하기

쓰나미는 밀려오는 속도가 굉장히 빨라요. 쓰나미 경보가 울리는 즉시 대피해야 해요.

3 높은 콘크리트 건물로 대피하기

6층 이상의 건물 위로 올라가는 게 안전해요. 또 나무로 만든 건물은 쓰나미에 휩쓸려 떠내려갈 수 있으니 조심해야 해요.

4 계단으로 대피하기

엘리베이터에 갇힐 수도 있으니, 계단으로 대피해요. 많은 사람이 한꺼번에 대피할 때에는 앞사람을 밀거나 먼저 가려고 욕심 부리지 않아요.

5 재난 방송 듣기

쓰나미가 뭐예요?

⚠️ 재난 방송을 주의 깊게 들으며 쓰나미가 멈출 때까지 기다려요.

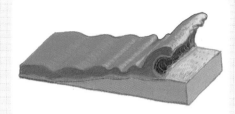

바닷속에서 지진이 발생하여 밀려오는 거대한 해일을 쓰나미라고 해요. 쓰나미는 파도보다 훨씬 크고 속도도 굉장히 빨라서 인근 해안가 지역을 순식간에 휩쓸어 갈 수 있어요.

어린이 안전퀴즈!

❶ 다음 중 쓰나미가 온다는 걸 알고 빨리 대피해야 할 상황을 모두 고르세요.

① 갑자기 바닷물이 빠져나갔어요.
② 땅이 흔들리는 진동을 느꼈어요.
③ 쓰나미 경보가 울렸어요.
④ 비가 내렸어요.

❷ 다음 중 쓰나미가 왔을 때 잘못된 행동을 한 어린이는 누구일까요?

① 해안에서 멀리 떨어진 높은 산으로 대피한 어린이
② 6층이 넘는 콘크리트 건물 위로 대피한 어린이
③ 엘리베이터를 타지 않고 계단을 이용해 대피한 어린이
④ 쓰나미가 한 번 지나가자, 장난감을 찾으러 해안가에 간 어린이

정답 ❶ ①②③ ❷ ④

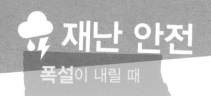
눈이 펑펑 내려요

"우아, 예쁘다!"

뚜뚜 가족은 우주선을 타고 새 보금자리를 찾아다니다가 푸르른

산을 울타리 삼아 옹기종기 집들이 모여 있는 산골 마을을

발견했어요. 뚜뚜 가족은 그곳에 집을 짓고 살았어요. 뚜뚜는

어느새 아빠와 함께 산을 오르고 계곡에서 노는 재미에 푹 빠졌지요.

어느덧 겨울이 찾아왔어요.

"아빠, 하늘에서 하얗고 차가운 것이 내려와요!"

"눈이란다. 땅의 물이 수증기가 되어 올라가 구름이 되었다가,

날씨가 추우면 눈이 되어 내리는 거란다. 신기하지?"

눈이 소복소복 쌓이자 뚜뚜는 눈을 굴려 귀여운 눈사람도 만들고,

새하얀 눈에 발자국을 찍으며 신기한 듯 뛰어다녔어요.

"뚜뚜야! 눈길은 미끄러워서 손을 주머니에 넣고 다니면 위험해!"

뚜뚜는 아빠의 말을 안 듣고 손을 주머니에 넣고 다니다가 그만 미끄러져 넘어질 뻔했지요.

그런데 며칠째 눈이 멈추지 않고 내리는 거예요. 눈은 쌓이고 쌓여 지붕을 새하얗게 덮었어요. 마당에도 길에도 눈이 무릎까지 쌓였답니다.

"눈이 많이 올 때에는 집 안에 있는 게 안전해."

뚜뚜 가족은 비상 용품을 잘 보이는 곳에 두었어요. 그리고 일기 예보에 열심히 귀 기울였답니다.

"저런, 폭설이 내릴 때는 대중교통을 이용해야 하는데. 되도록

미끌 미끌

꽈당

고속도로에 들어가지 않는 것이 좋고."

아빠는 뉴스를 통해 고속도로에서 옴짝달싹 못하는 차들의
모습을 보고는 한탄했어요.

그때였어요. 갑자기 마을 스피커로 대피 방송이 흘러나왔어요.

"며칠 동안 내린 폭설로 산사태가 일어날 위험이 있으니
주민들은 모두 대피소로 신속히 대피바랍니다."

뚜뚜 가족은 비상 용품을 챙겨 들고 재빨리 대피소로 갔어요.
그곳에서 하룻밤을 보내는 동안 마을 사람들은 뚜뚜 가족에게
음식도 나누어 주고, 친절하게 대해 주었어요. 뚜뚜는 친구도
사귀었지요.

다음 날, 다행히 산사태는 일어나지 않았지만,
뚜뚜네 집 지붕이 무너졌지
뭐예요. 지붕에 쌓인 눈의
무게를 이기지 못한 거예요.

"휴, 다른 별을
찾아봐야 할까요?"
엄마가 한숨을 쉬며
말했어요.

"엄마, 나는 지구가

188

마음에 들어요. 지구인들은 마음이 참 따뜻한 것 같아요."

"폭설을 이겨 낼 만큼 튼튼하게 집을 고쳐서, 이곳에서 우리

오래오래 행복하게 삽시다!"

아빠가 힘차게 말했지요. 뚜뚜 가족은 힘을 내서

집 앞에 쌓인 눈도 치우고, 지붕도 아주

튼튼하게 고쳤어요.

"아빠, 우리 집 진짜 멋져요!"

뚜뚜 가족은 흐뭇한 눈으로

집을 바라보았어요.

쓱 쓱

1 외출하지 않기

일기 예보를 자주 확인하고 가능한 한 외출하지 않아요. 폭설이 내릴 때 바깥에 나갔다가 고립되는 경우가 있거든요.

2 집 앞에 쌓인 눈 치우기

눈이 너무 많이 쌓이면 비상시에 대피하기 힘들어져요. 그러므로 틈틈이 집 앞에 쌓인 눈을 치우고, 모래를 뿌려 눈을 녹여야 해요.

3 대중교통 이용하기

눈길은 미끄러워서 자동차 사고 위험이 커요. 외출할 때에는 가능한 한 대중교통을 이용하는 것이 좋아요.

4 비상 용품 준비하기

폭설이 내리면 고립될 수 있으니 비상 식량과 약품, 생활필수품 등을 미리 준비해 두어요.

5 주머니에 손 넣지 않기

미끌미끌 꽈당

⚠️ 눈길에서는 주머니에 손을 넣고 걷지 않아요. 미끄러져서 머리를 크게 다칠 수도 있어요.

6 미리 대피하기

마을 회관

⚠️ 혼자 사는 할머니나 할아버지는 마을 회관과 같은 대피소로 미리 대피하는 것이 좋아요.

7 고속도로에 들어가지 않기

고속도로

⚠️ 고속도로로 들어가지 않아요. 고속도로에 고립되었을 때에는 자동차를 오른쪽으로 붙여 세우고, 연락처와 열쇠를 자동차 안에 놓은 뒤 가까운 마을로 대피해요.

폭설이 뭐예요?

폭설은 한꺼번에 많은 양의 눈이 내리는 걸 말해요. 폭설이 내리면 고립되거나, 지붕이 내려앉거나, 길이 막혀 차들이 못 움직이거나, 비닐하우스가 주저앉아 농작물 피해를 입거나, 산사태가 발생할 수 있어요.

폭설이 올 때 **산사태 예방법**

1 문을 확인해요

문이 제대로 열리고 닫히는지 확인해요.

2 금이 갔는지 살펴요

벽이나 바닥에 그동안 못 보던 금이 있는지 꼼꼼히 살펴요.

찌지직

3 흔들리는지 확인해요

벽이나 담장, 나무가 흔들리거나 움직이는지 확인해요.

4 굉음이 나는지 살펴요

평소에 들어 본 적이 없는 요란한 소리가 나는지 주의 깊게 귀 기울여요.

쿵

5 산사태 주의보를 확인해요

산사태는 한순간에 일어나요. 발빠르게 대피할 수 있도록 산사태 주의보에 귀 기울여요.

6 발빠르게 대피해요

산사태 경보가 울리면, 가까운 대피소로 재빨리 대피해요. 대피소는 미리 알아두는 게 좋아요.

어린이 안전퀴즈!

❶ 폭설이 내릴 때 잘못된 행동을 한 어린이는 누구일까요?

① 눈길에서 주머니에 손을 넣지 않고 걷는 어린이
② 되도록 밖에 나가지 않는 어린이
③ 차 지붕에 올라가서 눈을 치우는 어린이
④ 집 앞의 눈을 치우고 모래를 뿌리는 어린이

❷ 산사태가 나기 전에 발생하는 현상을 모두 고르세요.

① 집 문이 제대로 닫히지 않아요.
② 벽에 금이 갔어요.
③ 벽이나 담장, 나무가 흔들려요.
④ 평소에 들어 본 적이 없는 요란한 소리가 나요.

정답 ❶ ③ ❷ ①②③④

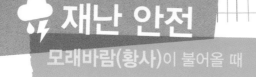

모래바람이 불어요!

새싹이 기지개를 켜는 봄이 왔어요.

오늘은 아침부터 안개가 낀 것처럼 하늘이 뿌예요.

"아빠, 비 올 것 같아요. 우비랑 장화 신고 나갈래요."

"뚜뚜야, 하늘이 뿌연 건 황사라는 모래바람 때문이야. 마침 텔레비전에서 나오는구나."

뚜뚜는 텔레비전으로 고개를 돌렸어요. 어린이 프로그램의 사회자 누나가 황사에 대해 말하고 있었어요.

"모래바람을 들이마시면 재채기가 나고, 목이 따끔거리기도 해요. 모래바람 속에 있는 미세 먼지나 중금속이 몸에 쌓이면 큰 병에 걸릴 수도 있으니 주의해야 합니다."

"그럼 모래바람이 부는 날에는 어떻게 해야 하지?"

뚜뚜의 물음에 마치 대답이라도 하듯 사회자 누나가 말을

이었어요.

"모래바람이 불 때는 창문을 모두 닫고 밖에 나가지 않는 게 좋아요. 어쩔 수 없이 밖에 나갈 때는 황사 마스크와 모자를 쓰고, 긴소매 옷을 입으세요."

사회자 누나가 마지막으로 강조했어요.

"집에 돌아오면 손과 얼굴을 꼭 씻어야 해요. 양치질과 샤워도 꼼꼼히 해야 하고요. 평소보다 물이나 차를 많이 마시는 게 좋아요. 그럼 어린이 친구들, 안녕!"

"뚜뚜야, 오늘은 밖에 나가지 않는 것이 좋겠어!"

아빠가 창문을 꽉 닫으며 말했지만, 뚜뚜는 친구에게 꼭 주고 싶은 게 있었어요. 아빠는 할 수 없이 뚜뚜에게 긴소매 옷을 입게 하고, 모자와 황사 마스크를 쓰게 했답니다.

"앗, 이거 내가 어제 잃어버린 장난감이잖아! 찾아 줘서 고마워!"

뚜뚜가 친구를 만나 장난감을 건네자 친구가 몹시 기뻐했어요.

뚜뚜는 장난감을 잃어버려 속상해하던 친구에게 장난감을 얼른 찾아 주고 싶었던 거예요.

"마스크 멋지다! 뚜뚜별에서 가져온 마스크야?"

"아니, 엄마가 스티커를 붙여서

황사 마스크 멋지다!

휘잉

만들어 주신 황사 마스크야!"

"정말? 나도 너처럼 하나밖에 없는 멋진 황사 마스크 갖고 싶다!"

뚜뚜는 친구에게 마스크를 선물하겠다고 약속했어요. 마스크에 스티커를 붙여서 예쁘게 꾸밀 거랍니다.

집에 돌아온 뚜뚜는 양치질도 꼼꼼히 하고, 깨끗이 손과 얼굴도 씻었어요.

며칠 뒤, 엄마가 창문을 활짝 열었어요.

"이제 모래바람이 다 지나갔다는구나. 오늘은 대청소하는 날이야! 창문을 열어 공기도 환기하고, 모래가 남지 않도록 집 안을 물걸레로 쓱싹쓱싹 깨끗이 닦아야 해!"

이제 햇볕도 점점 따뜻해질 테고, 들판에 꽃도 가득 피어날 거예요. 뚜뚜는 앞으로 친구랑 밖에서 신 나게 뛰어놀 생각에 가슴이 부풀었답니다.

1 외출 안 하기

모래바람 때문에 나가서 놀 수가 없어!

모래바람이 부는 날에는 창문을 모두 닫고, 가능한 밖에 나가지 않아요. 모래바람 속에 미세 먼지와 중금속이 들어 있어 몸에 해롭거든요.

2 모래바람에 대비한 복장

모자

황사 마스크   긴 옷

외출을 해야 할 때는 황사 마스크와 모자를 쓰고, 긴소매 옷을 입어요. 황사 마스크는 먼지가 몸속에 들어오지 않게 막아 주지요.

3 깨끗이 씻기

밖에 나갔다가 집에 돌아오면 손과 얼굴을 깨끗이 씻어요. 양치질과 샤워도 꼼꼼하게 해서 몸에 붙은 모래 먼지를 말끔히 떨어내요.

4 물 자주 마시기

꿀꺽꿀꺽

모래바람 속 미세 먼지 때문에 목이 따끔거릴 수 있으니 모래바람이 부는 날에는 특히 물이나 차를 자주 마시는 게 좋아요.

5 보호 안경 쓰기

안경을 쓰지 않는 사람도 보호 안경을 쓰는 것이 좋아요.

6 코로 숨쉬기

슈욱

입 말고 코로 숨을 쉬어요. 코로 숨을 쉬면 먼지를 걸러 줄 수 있어요.

7 대청소하기

모래바람이 지나간 뒤에는 창문을 열어 환기하고 걸레로 구석구석 먼지를 닦아 내요.

모래바람이 뭐예요?

콜록

봄에 중국과 몽골 사막에 있는 모래와 먼지가 바람을 타고 우리나라까지 날아오는 현상이에요. 모래바람 속 미세 먼지와 중금속이 우리 몸에 쌓이면 큰 병을 일으킬 수도 있어요.

모래바람이 부는 날 응급 처치!

1 눈이나 피부가 가려워요

손으로 비비거나 긁지 말고, 차가운 물수건을 올려놓아요. 그래도 낫지 않으면 병원에 가요.

2 기침이 나요

콜록콜록

기침이 심하거나 목과 코가 많이 따끔거리면 병원에서 치료를 받아요.

어린이 안전퀴즈!

❶ 모래바람이 불 때 올바르지 못한 행동을 한 어린이는 누구일까요?

① 창문을 열어 환기를 자주 한 어린이
② 밖에 나가지 않은 어린이
③ 외출할 때 황사 마스크를 쓴 어린이
④ 외출하고 돌아와서 손과 얼굴을 깨끗이 씻은 어린이

❷ 모래바람이 불 때 필요한 복장을 모두 고르세요.

① 황사 마스크   ② 긴소매 옷   ③ 우산   ④ 보호 안경

정답 ❶ ① ❷ ①②④

위험이 보인다! 부릅뜨고 안전과 함께하는 20가지 안전 약속

1 어른의 허락 없이는 칼, 가스레인지, 전기 코드 및 콘센트를 함부로 만지지 않아요.

2 집에 혼자 있을 때에는 아무에게나 문을 열어 주지 않아요.

3 물놀이하기 전에는 준비운동을 꼭 하고, 얕은 곳에서만 놀아요.

4 산에서는 식물이나 벌레를 함부로 만지지 않고, 뱀에 물리거나 벌에 쏘이지 않도록 조심해요.

5 횡단보도를 건널 때에는 일단 멈추고, 좌우를 살펴 자동차가 완전히 멈춘 것을 확인한 뒤, 손을 들고 횡단보도 오른쪽으로 조심조심 건너요.

6 자동차 안에서는 안전벨트를 꼭 매고, 창밖으로 얼굴이나 손을 내밀지 않아요.

7 자전거, 인라인스케이트, 킥보드를 탈 때에는 꼭 안전모를 쓰고, 무릎과 팔꿈치에 보호대를 해요.

8 엘리베이터 안에서는 방방 뛰거나 장난치지 않고, 엘리베이터 문에 기대지 않아요.

9 에스컬레이터를 걸어서 오르내리지 않아요.

10 부엌이나 화장실에 있는 세제를 함부로 만지거나 먹지 않아요.

11 아는 사람이라도 부모님 허락 없이는 따라가지 않아요.

12 지하철이나 기차를 기다릴 때에는 안전선 바깥쪽으로 나가지 않아요.

13 밖에 나갔다가 돌아와서, 화장실에 다녀와서, 음식을 먹기 전, 애완동물을 만지고 난 뒤에는 꼭 손을 씻어요.

14 부모님과 함께 있다가 길을 잃었을 때에는 돌아다니지 않고 그 자리에서 부모님을 기다려요.

15 친구들에게 괴롭힘을 당하거나, 소중한 몸을 누군가 만졌을 때에는 부모님이나 선생님께 꼭 말해요.

16 기차, 배, 비행기 사고가 났을 때에는 재빨리 기차, 배, 비행기 바깥으로 대피해요.

17 화재가 났을 때에는 손수건이나 손으로 입과 코를 막고, 최대한 몸을 숙여 대피해요.

18 태풍이 불거나, 모래바람이 불거나, 폭설이 내렸거나, 천둥 번개가 치는 날에는 가능한 한 밖에 나가지 않아요.

19 지진이 났을 때에는 가방이나 푹신한 방석으로 머리를 감싸고 딱딱한 탁자 아래로 들어가 지진이 멈출 때까지 기다려요.

20 쓰나미가 밀려올 때에는 재빨리 6층 이상의 높은 콘크리트 건물 위로 대피해요.